DES LOCALITÉS DÉSIGNÉES

POUR L'ÉTABLISSEMENT DES

COLONIES MILITAIRES

INDIGÈNES

DANS LA PROVINCE DE CONSTANTINE

AU POINT DE VUE DE LA SALUBRITÉ

PAR

Le Docteur L.-Th. MARTIN

de Rillieux (Ain)

Médecin Aide-Major de 1re Classe au 36e Régiment d'Infanterie,
Membre correspondant de la Société de Médecine et de Chirurgie pratiques
de Montpellier.

PARIS

P. ASSELIN, Libraire, Gendre et Successeur de BÉCHET
Place de l'École-de-Médecine.

MONTPELLIER

C. COULET, Libraire-Éditeur
Grand'rue, 5.

1865

DES LOCALITÉS DÉSIGNÉES

POUR L'ÉTABLISSEMENT DES

COLONIES MILITAIRES INDIGÈNES

Dans la province de Constantine

AU POINT DE VUE DE LA SALUBRITÉ

MONTPELLIER

TYPOGRAPHIE DE BOEHM & FILS, PLACE DE L'OBSERVATOIRE

Éditeurs du MONTPELLIER MÉDICAL.

DES LOCALITÉS DÉSIGNÉES

POUR L'ÉTABLISSEMENT DES

COLONIES MILITAIRES

INDIGÈNES

DANS LA PROVINCE DE CONSTANTINE

AU POINT DE VUE DE LA SALUBRITÉ

PAR

Le Docteur L.-Th. MARTIN
de Gallargues (Gard)

Médecin Aide-Major de 1re Classe au 66e Régiment d'Infanterie,
Membre correspondant de la Société de Médecine et de Chirurgie pratiques
de Montpellier.

PARIS

P. ASSELIN, Libraire, gendre et successeur de LABÉ
Place de l'École-de-Médecine.

MONTPELLIER

C. COULET, LIBRAIRE-ÉDITEUR
Grand'rue, 5.
1865

[illegible]

« L'homme n'est pas soumis fatalement à
des influences dont il ne saurait surmonter
aucune. Le Créateur l'a pourvu d'une force
d'initiative qui le met en état de réagir sur
la nature. S'il ne peut transformer le type
général des climats, si ses facultés se bri-
sent contre des obstacles grandioses, s'il
ne peut abaisser les cimes alpestres et les
découronner de leurs neiges éternelles, il
est le maître du terrain qu'il foule, le ré-
gulateur des influences de localité; il peut
corriger beaucoup de causes nuisibles, se
soustraire à celles qui sont réfractaires à
son industrie; par son intelligence et par
son travail, il réussit à conquérir ses droits
imprescriptibles à la vie et au bien-être, là
où la nature marâtre a prodigué sous ses
pas et sur sa tête comme un luxe d'insalubrité et de mort. »

Michel Lévy ; *Traité d'hygiène publique
et privée.*

Au mois d'août dernier je fus désigné par M. le Général commandant la Division, comme membre de la Commission instituée pour
la création des *Colonies militaires indigènes.* Les points indiqués
dans la province de Constantine étaient *Khenchela* d'une part, et un
point indéterminé dans le *Hodna* d'une autre part. Nous avions à rechercher quelles étaient les conditions hygiéniques de ces localités et
l'influence que leur séjour pourrait exercer sur la santé des militaires
qui devront s'y livrer à l'agriculture.

C'est le résultat de nos investigations et de nos études que nous con-
signons dans ce travail, dont le but est de faire connaître deux points

de la province, assez éloignés, qui doivent devenir postes militaires et centres de la population indigène de cette contrée.

Étudier la salubrité d'une localité, c'est rechercher l'influence que peut avoir cette localité sur la santé de ceux qui l'habitent ; c'est faire connaître toutes les causes qui peuvent réagir sur les organismes ; c'est, en un mot, étudier sa tolérance pour les êtres vivants. Comme le dit M. l'Inspecteur Michel Lévy dans son *Traité d'hygiène* : « Ce n'est que par une série prolongée d'observations barométriques, thermométriques, hygrométriques et anémoscopiques, qu'il convient d'explorer la tolérance des localités pour l'homme en général et pour les différentes catégories d'organisations en particulier [1]. »

Nous regrettons l'impossibilité où nous sommes de ne pouvoir nous livrer à des observations de cette nature, et ce n'est que par l'étude successive de la situation, de l'exposition, de la prédominance des vents, de la nature, de la composition et de la forme du sol, du régime des eaux, etc., que nous avons essayé de tracer les caractères hygiéniques de ces localités, où nous n'avons dû séjourner que fort peu de temps.

[1] Michel Lévy ; *Traité d'hygiène publique et privée*, tom. I, pag. 537.

Khenchela.

I.

KHENCHELA

LOCALITÉ.

Khenchela est un point militaire très important, où le Gouvernement, en 1854, fit construire un *bordj* assez considérable. Ce point commande, en effet, la vaste plaine qui s'étend au sud, aussi bien qu'il surveille les tribus remuantes des *Nemenchas*, dans leurs montagnes du *M'ahmel*, et maintient cette race guerrière et industrieuse, « peuples braves, descendants des anciens *Chamies*, dont parle Marmol [1] », appelés *Chaoinas* par les Arabes, et généralement désignés sous le nom de *Kabyles de l'Aurès*. « Ce n'est pas que les habitants de ces montagnes aient

[1] Peyssonnel et Desfontaines ; *Voyage dans les régences de Tunis et d'Alger.*

l'humeur vagabonde et envahissante, ils sont, au contraire,
peu disposés à sortir de chez eux pour aller inquiéter leurs
voisins [1]. »

Un marché très-important, lieu de réunion qui attire
une multitude d'indigènes, se tient en ce lieu le mercredi
de chaque semaine, et se passe ainsi sous les yeux de
l'autorité.

Des ruines éparses au milieu de la plaine, indiquent
assez l'antique occupation romaine, et les traces des anciennes routes que l'on voit encore au nord et à l'est de
la plaine de *Khenchela*, ainsi que dans celle d'*Aïn-Beïda*,
semblent indiquer l'importance que les anciens attachaient
à cette position. Cependant les auteurs parlent peu de ce
point qui, malgré la grandeur de la ville, n'était probablement qu'un poste placé sur la route de *Tebessa* à *Sétif*. Peyssonnel qui, dès 1725, parcourait ce pays, n'en
fait point mention. Il parle du chef de la *Momara* (*Amamra*),
qui était alors avec Boïsis, sultan des *Anenchas*, toujours
en guerre avec le bey de Tunis et celui de Constantine [2],
et ne dit rien de ces ruines. Dureau de la Malle, dans son
ouvrage sur la province de Constantine, s'étend longuement
sur les ruines qui existent dans les monts *Aurès*, mais ne
dit rien de positif sur la localité qui nous occupe. A la fin
de son ouvrage, en donnant le nom des villes qui se trouvaient sur la route de *Tebessa* à *Sétif*, en passant par *Tamugadis* et *Lambessa*, il indique à 60 milles de *Tebessa*,
la ville de *Mascula*. Or, la route romaine de *Tebessa* à

---

[1] Pellissier de Reynaud; *Annales algériennes*, tom. III, pag. 173.
[2] Peyssonnel, *loc. cit.*, pag. 353.

Sétif passait à *Khenchela*, où on en voit encore les traces que l'on suit dans la plaine de l'*Erba* ou *Rba*, près de la rivière de ce nom, et que l'on retrouve au nord-ouest de *Lambèse*, à peu de distance de la pyramide de Flavius-Maximus, préfet de la troisième légion Auguste, à 7 kilomètres nord-est de *Batna*. D'un autre côté, *Khenchela* est situé à 88 ou 89 kilomètres à l'est de *Tebessa*[1]. Il existe d'ailleurs encore aujourd'hui, dans la cour de la maison de commandement, une pierre qui fait partie de la maçonnerie, [et sur laquelle se lit l'inscription suivante, quoique fort détériorée, où le nom de *Mascula* est parfaitement conservé. Cette pierre a été trouvée à la fontaine Romaine. (Voir l'*inscription* I à la fin de l'ouvrage.)

Il est donc certain que les ruines qui existent encore dans la localité que nous venons de parcourir, sont celles de l'ancienne *Mascula* (*municipium Mascula*), donnée comme station de l'itinéraire d'Antonin et de la table de Peutinger, dans la dernière partie de l'ouvrage de Dureau de la Malle.

Aujourd'hui, il reste peu de chose de cette ancienne ville, dont la plupart des pierres ont servi à construire le *bordj* de commandement et celui qui sert d'habitation au Caïd. On voit encore dans la cour du premier de ces établisse-

---

[1] Suivant le *Dictionnaire abrégé d'antiquités* de Monchablon, le mille, mesure d'intervalle chez les Romains, était de mille pas géométriques, ce qui ferait à peu près le tiers d'une de nos lieues. D'après le *Dictionnaire universel des sciences, des lettres et des arts* de N. Bouillet, le mille Romain valait 1481m,75. Il y aurait donc 88,905 mètres de distance de Tebessa à Mascula. On compte aujourd'hui de 22 à 23 lieues de Tebessa à Khenchela.

ments quelques inscriptions tumulaires parfaitement con-
servées, et un haut-relief représentant grossièrement des
ustensiles de ménage [1] qu'il est facile de reconnaître. Au
nord de la maison de commandement se voit encore aujourd'hui une petite construction carrée, dont les murs sont
parfaitement conservés sur trois côtés, ayant de 7 à 8 ^{m}
de haut. Les quelques ornements que l'on y remarque, les
pierres taillées avec soin, et la forme de l'édifice, nous
autorisent à penser que ce sont là les ruines d'un tombeau.
Nous n'avons pu y découvrir aucune inscription.

Quelques travaux ayant été exécutés pour l'aménagement des eaux par le génie militaire, on a découvert au
pied du *djébel Chabor*, dernier mamelon des *Aurès*, une
vaste piscine entièrement conservée où se trouvaient six
colonnes énormes avec leurs élégants chapitaux encore in-
tacts. C'est la principale source, c'est-à-dire la plus abondante qui, se déversant dans cette piscine, dessert le *bordj*
du caïd et celui du commandement. On rencontre encore
non loin quelques pierres jaunies par le temps, qui offrent
peu d'intérêt, quoique attestant, sinon la splendeur de
l'ancienne *Mascula*, du moins la grandeur et la force de la
domination romaine.

SITUATION. — EXPOSITION. — La localité de *Khenchela*
(latitude nord 35° 25', longitude est 4° 50') est une vaste
plaine mamelonnée appartenant à la tribu des *Amamrah*,
du cercle de *Batna*, située à l'extrémité est des monts *Aurès*,

---

[1] Deux vases, une cuiller, un petit plat, etc..., grossièrement sculptés
en relief.

à 90 kilomètres sud-est de *Batna* et 52 kilomètres sud-ouest d'*Aïn-Beïda*. Cette plaine n'a pas moins de 60 kilomètres de long sur 33 à 40 de large ; elle est bornée à l'Ouest par les monts *Aurès* ; au Nord par la grande plaine et le lac salé de *Aïn-Beïda*, dont elle est séparée par une série de collines très-peu boisées qui prolongent à l'Ouest le *djébel Tafrint*. A l'Est elle est limitée par la chaîne du mont *M'ahmel*, derrière laquelle se trouve retirée la tribu remuante des *Nemenchas*. Cette chaîne de montagnes assez élevées est presque complètement dénudée, possède néanmoins assez de terre végétale pour permettre la culture de l'orge et du blé. Au Sud-Est, le *djébel Djaafa* et plus loin le *djébel Chechar*. Au Sud, la plaine de *Khenchela* n'est limitée qu'imparfaitement par une série de petits mamelons qui la séparent de la vaste étendue de terrain presque inculte qui s'étend vers le désert, la laissant par conséquent ouverte de ce côté et sous l'influence presque permanente des vents du sud.

Au sud-est de *Khenchela*, derrière le *djébel Djaafa*, se trouvent les montagnes du *djébel Chechar*. Nous ne pouvons nous empêcher de signaler une coutume bizarre, très-intéressante au point de vue de la médecine des Arabes, qui se pratique chez les habitants de ces montagnes

Il n'est pas de localité en Algérie où l'opération du tré-pan soit plus en honneur que dans ces contrées escarpées et sauvages. Quelle en est la cause? Nous l'ignorons; mais il est un fait certain, c'est que presque tous les habitants ont été trépanés, et beaucoup d'entre eux ont subi l'opération plusieurs fois.

«On prétend, dit M. E.-L. Bertherand, que quelques

médecins maures pratiquent la trépanation dans le cas de plaie du crâne avec fracture. Les renseignements que j'ai pris à cet égard ne confirmeraient point cette assertion[1].»

Ici cependant l'opération du trépan, on peut l'affirmer, se pratique très-souvent et depuis les temps les plus reculés. Il n'est pas blessure à la tête, contusion même aussi légère qu'elle soit, qui puisse se guérir sans le secours du trépan. Aussi les habitants, quel que soit le sexe, ont-ils presque tous des crânes à formes bizarres. Quelques *toubibes* se sont acquis beaucoup de réputation.

Généralement, après l'incision cruciale à la peau, l'os étant à nu, ils appliquent pendant quelques jours un topique particulier composé le plus souvent de beurre ou d'une matière résineuse. S'il y a des esquilles, on les enlève avec le couteau ou la scie, instruments informes, d'une saleté précieuse. Les plus sales sont en effet les meilleurs : ils ont servi plus souvent, ils sont vieux. Si la blessure moins violente n'a déterminé ni fêlure, ni fracture, après l'incision de la peau et l'application du fameux topique, lorsque la douleur persiste, on perfore les os avec une petite vrille que l'on remplace ensuite par une plus grosse. On fait ainsi plusieurs trous, jusqu'à ce que la douleur ait disparu ; ou plutôt jusqu'à ce que le patient, soulagé ou non, soit satisfait, le prix de l'opération ayant été payé d'avance.

« *Khenchela* est situé sur le plateau des *Sbath*, dont *Tébessa*, ancienne *Thevesta*, est la limite[2].» Il est plus exact

---

1 *Médecine et hygiène des Arabes*, pag. 40.
2 Th. Lavallée, *Géographie physique, historique et militaire*.

de dire que *Khenchela* appartient à cette région que M. Ch. Martins appelle *sous-région des hauts plateaux*, située comme *Batna* à l'extrémité du dernier des plans successifs qui forment cette région [1].

A 20 kilomètres au sud du *bordj*, entre les *Aurès* et le *djébel Djaafa*, se trouve le point de partage des eaux qui coulent, au Nord vers le lac salé et *Constantine*, au Sud vers le désert du *Sahara*.

A 1,200 mètres au-dessus du niveau de la mer, les chaleurs ne sont pas excessives dans la plaine, mais généralement l'hiver est très-rigoureux. D'après les renseignements fournis par les indigènes, les orages sont rares, bien plus rares que dans les *Aurès*, et l'hiver la neige est assez abondante. Elle persiste très-longtemps sur les montagnes environnantes.

Une rivière, l'*ouëd Bou-Ranghal*, traverse cette plaine du Sud au Nord, et par ses nombreuses sinuosités et son eau toujours abondante, fertilise la contrée ; son cours assez rapide et ses bords assez escarpés, ne la rendent point insalubre dans la plus grande partie de son cours, malgré son fond légèrement vaseux.

Les vents prédominants sont les vents du nord-ouest, mais surtout ceux du sud. Rarement ce sont les vents qui soufflent du côté de l'est qui amènent la pluie ; le plus souvent elle est apportée par les vents du nord-est. Assez abondante parfois, elle n'est jamais continue plusieurs jours. Néanmoins les ravins se remplissent, et si les affluents de l'*ouëd Bou-Ranghal* débordent quelquefois, le

[1] Ch. Martins, *Revue des Deux-Mondes*, juillet 1864.

lit de la rivière assez large et ses bords escarpés ne permettent pas d'inondation regrettable.

Du sol. — Soit par sa forme, par sa nature ou sa composition, le sol influe beaucoup sur la salubrité d'une localité. La plaine, avons-nous dit, est mamelonnée, les pentes sont douces, peu rapides, et l'écoulement des eaux se fait favorablement. La nature du sol n'est point la même partout : tantôt argileux ou argilo-sablonneux, il devient gras et humide sur le bord de la rivière, quelquefois léger et sablonneux au milieu de la plaine. Quelques mamelons complètement formés de calcaires et de matières tufacées sont peu propres à la culture et contrastent fortement avec la fertilité de la plaine. L'humus assez rare devient très-abondant près de la rivière où, sans contredit, se trouvent les terrains les plus fertiles. Généralement, les montagnes se composent de calcaires et de grès appartenant à la partie supérieure des terrains secondaires. Ce sont des masses de rochers disposées en couches légèrement obliques, quelques-unes même presque perpendiculaires, entrecoupées de terrain légèrement sablonneux, rempli de cailloux où la végétation reste maigre et languissante.

Dans certains points de la plaine, sur les bords de la rivière, comme auprès des habitations, existe un sol marécageux qui, sous l'influence solaire, peut facilement se transformer en surface d'évaporation délétère. Cependant, l'écoulement facile des eaux ne permet guère ces foyers d'infection, dus à quelques petites sources non aménagées. C'est surtout à l'extrémité nord de la plaine, aux environs du *bordj* et près de la source de la rivière, qu'existe cette disposition, nuisible à la santé des habitants, mais que la culture et un système bien entendu d'irrigation feraient disparaître.

Le sol de la plaine est très-fertile, il produit de fort belles moissons, sans jamais y mettre d'autres engrais que les cendres provenant de la paille que les Arabes brûlent sur place.

Comme partout dans le Tell algérien, le sol est fortement chagriné, indication certaine des anciens bouleversements subis par la croûte terrestre dans cette contrée.

Les montagnes qui entourent la plaine sont pour la plupart dénudées, surtout le versant sud. Le *djébel Tafrint* au Nord, les monts *M'ahmel* à l'Est, le *djébel Djaafa* au Sud, portent çà et là quelques petits bois, quelques arbustes grêles et rabougris. Complètement composés de roches calcaires, la végétation y est presque impossible. Sur les mamelons qui font suite au *djebel Tafrint* on trouve çà et là des rochers calcaires plus ou moins compactes, renfermant quelques coquilles marines. Le terrain contient en cet endroit une grande quantité d'*Oursins fossiles* [1]. C'est très-probablement de ces pierres remarquables que parle Peyssonnel, et qu'il décrit d'une manière si originale : « Elles ressemblent à des modèles de boutons dont le dessus est à côtes de melon [2]. »

Sans contredit, c'est dans le massif montagneux que la végétation a toujours été le plus riche. « L'*Aurès* était encore plus remarquable par sa culture et par sa fécondité.

[1] *Echinus*, *Famille des Échinides, de la classe des Échinodermes*.
[2] Peyssonnel, *loc. cit.*, 359.

Cette chaîne de montagnes renferme un immense plateau, dont je vais donner la description, d'après un témoin fidèle, Procope, qui rapporte ce qu'il a vu de ses propres yeux. Pour qui veut gravir cette chaîne, dit-il, la route est difficile, le pays sauvage et affreux; mais lorsqu'on est monté sur le plateau, on découvre de vastes plaines, de nombreuses sources qui donnent naissance à des rivières, et une telle quantité de vergers, que cette culture si variée semble presque un prodige. Le blé et les fruits qui y croissent, atteignent une grosseur double de celle qu'ils ont dans tout le reste de la Lybie[1]. » C'est probablement la route difficile qui a été cause de la description peu exacte que nous en donne Peyssonnel, qui dit cependant avoir parcouru ces mêmes montagnes en juin 1725. « Elles sont fortes, hautes, rudes, escarpées, ingrates et stériles, remplies pourtant de plusieurs sources d'eau très-bonne et très-fraîche. » Il ajoute ensuite avec non moins d'inexactitude : « Il est à remarquer qu'au lieu qu'en Provence on observe que la plus grande quantité des sources se trouvent du côté de la montagne qui regarde le Midi, ici, au contraire, on ne trouve de l'eau qu'au côté de la montagne qui tourne vers le Nord[2]. » On rencontre des sources de tous les côtés, sur tous les versants de ces fertiles montagnes.

Pour nous, qui venons de les parcourir, nous trouvons la description de Procope bien plus exacte. Il n'est personne, en effet, à *Batna* ou dans les environs, qui

---

[1] Dureau de la Malle; *Province de Constantine*, pag. 60.
[2] Peyssonnel, *loc. cit.*, pag. 347.

n'ait goûté de ces beaux fruits de toute espèce, que les *Kabyles* des *Aurès* savent bien apporter sur nos marchés. La plupart de ces fruits viennent des vergers cultivés près des habitations autour des *douairs*. La vigne croît naturellement dans le fond des ravins et, sans culture aucune, donne un fruit excellent qui, dans certaines localités, a servi aux Européens pour la fabrication du vin. Généralement, le flanc de toutes ces montagnes est complètement boisé. On y voit principalement le genévrier, le frêne noueux, le pin d'Alep, le thym, le myrte, les lentisques, le figuier, l'amandier et quelques rares oliviers dans le bas. Plus loin, à 30 kilomètres à peu près, les hautes cimes sont couvertes de cèdres, de pistachiers et de chênes verts.

PIERRES A BATIR. — Les carrières de pierres sont abondantes et se rencontrent non loin du *bordj*. Les masses rocheuses qui forment la plupart des montagnes de l'*Aurès*, et surtout les monts *M'ahmel*, l'indiquent assez. « D'après Edrisi, on extrait des montagnes voisines de *Medjana*, des pierres de moulin d'une qualité tellement parfaite, que leur durée égale quelquefois celle de la vie d'un homme, sans qu'il soit besoin de les repiquer ni de les travailler en aucune manière, à cause de la dureté du grain et de la cohésion des molécules qui les composent[1]. » Nous n'avons pu vérifier le fait. Ce qui est certain, c'est que cette industrie n'existe plus et que les Arabes de *Khenchela* n'ont aucune connaissance de l'existence de ces carrières. Les propriétaires des moulins situés sur l'*ouëd Hammam* et sur l'*ouëd Rba*, font venir leurs meules de France.

[1] Dureau de la Malle, *loc. cit.*, pag. 84.

On pourrait encore exploiter facilement la pierre à bâtir, dans le *djébel Tafrint*, le *djébel Chabor*, le *djébel As-Serdoun*, le *djébel Fringal*, et la plupart des autres montagnes fourniraient certainement, d'après leur composition, des calcaires de premier choix.

PIERRE A CHAUX. — La pierre à chaux se rencontre en abondance dans ces mêmes montagnes. On la trouve surtout à droite de la route qui de *Khenchela* conduit au *Hammam*, sur le flanc de la montagne appleée *El Meleze*.

PLATRE. — Une carrière de plâtre se trouve au nord-est du *bordj*, au-dessus et à l'ouest de la pépinière, entre cet établissement et la route de *Batna*, sur le mamelon que les Arabes du pays désignent sous le nom de *Coudiat-el-Mead*.

TERRE A BRIQUE. — La terre à brique se rencontre sur le côté est du mamelon sur lequel se trouve bâti le *bordj* du commandement ; elle n'est pas très-bonne. On en trouve une de qualité supérieure sur la montagne dite *Kallel*, au nord-est du *bordj*, sur la rive droite de l'*ouëd Bou-Ranghal*.

BOIS DE CHAUFFAGE ET DE CONSTRUCTION. — Le bois de chauffage se trouve partout, sur toutes les montagnes qui entourent la plaine de *Khenchela*, surtout à l'Ouest au pied des *Aurès*.

Les bois de construction se trouvent plus loin, à 30 kilomètres à l'Ouest, sur les hautes cimes des mêmes montagnes.

RÉGIME DES EAUX. — l'*ouëd Bou-Ranghal,* avons-nous dit, traverse la plaine, et par la rapidité de ses eaux et la nature escarpée de ses bords, ne nous paraît point pouvoir être une cause d'insalubrité dans la plus grande partie de son cours. Loin de là, cette rivière doit rendre très-fertile une plaine qu'elle peut irriguer en partie. C'est autour du *bordj* que le terrain présente les conditions d'insalubrité les plus grandes, et nous verrons qu'il suffirait de peu de chose pour les détruire. Cela tient à une infinité de petites sources qui, n'étant point aménagées, convertissent tout le terrain qui s'étend du *bordj* à la pépinière en un véritable marais. Il serait donc facile de faire cesser cet état de choses. Quelques travaux d'art, la culture, un système d'irrigation bien entendu, un conduit pour l'écoulement, telles sont les conditions nécessaires pour la salubrité du pays.

Les indigènes habitant la plaine, gens actifs et laborieux, s'adonnent presque tous à la culture du maïs. Mais leur système d'irrigation est déplorable : ils submergent leurs terres, se créant ainsi ou plutôt multipliant les conditions d'insalubrité. C'est, en effet, avec juste raison que M. l'Inspecteur Michel Lévy attribue à cette cause les affections intermittentes qui règnent dans presque toutes les localités de l'Algérie où cette culture est étendue.

L'eau existe en abondance, mais surtout aux environs du *bordj.* Dix à douze sources alimentent l'établissement, servent à l'irrigation des jardins, et se perdent dans les terres destinées aux prairies artificielles.

L'*ouëd Bou-Ranghal* prend sa source au milieu d'un marécage assez étendu. Ses nombreuses circonvallations contribuent à rendre insalubre cette partie de la plaine.

Peu après sa naissance, cette rivière reçoit sur sa rive gauche son principal affluent, *l'ouëd Fringal*, qui venu du *djébel Fringal* des *Aurès*, traverse la plaine de l'Ouest à l'Est. Au lieu de jonction de ces deux rivières, l'état marécageux persiste, et se continue dans une étendue de 150 à 200 mètres sur la rive gauche de l'*ouëd Bou-Ranghal*. Ces conditions d'insalubrité sont généralement dues à une infinité de petites sources situées à quelques mètres de la rivière, sur le flanc des mamelons qui emprisonnent son lit en cet endroit.

Les vents du sud étant prédominants, on conçoit leur influence fâcheuse, puisqu'ils entraînent les miasmes du Sud au Nord, d'une extrémité de la plaine à l'autre. Néanmoins, je crois qu'il ne faut pas attacher trop d'importance à ces quelques conditions insalubres, car un aménagement bien entendu des eaux les ferait certainement disparaître, et ferait de ces marécages de fort belles prairies.

Aucune rivière, aucune source ne se rencontre sur la rive droite de l'*ouëd Bou-Ranghal*. Un léger mamelon, désigné par les Arabes sous le nom de *djébel Kallel*, sépare cette rivière d'un petit ruisseau salé, l'*ouëd Mela*, le plus souvent à sec, et qui coule à peu près dans la même direction. Toutes les eaux de la plaine de *Khenchela* vont se perdre dans la vaste plaine située à l'ouest d'*Aïn-Beïda*; ou bien, poursuivant leur cours, vont alimenter le lac salé *Guérah-el-Tharf*, qui se trouve quelques lieues plus loin vers le Nord; à l'ouest de la même ville.

Climatologie. — Notre séjour n'ayant pu se prolonger longtemps, nous regrettons de ne pouvoir donner des renseignements précis sur la climatologie de cette localité. Nous avons dû nous en rapporter à ce que le Caïd, homme instruit et intelligent du reste, et les quelques habitants de *Khenchela*, ont bien voulu nous communiquer.

Les mois de décembre et de janvier sont toujours très-froids, à l'exception de quelques rares journées où la température est douce, de dix heures du matin à deux heures du soir. Pendant ces deux mois, la neige tombe quelquefois en abondance; mais étant presque toujours accompagnée de pluie, elle ne séjourne que sur le sommet des montagnes.

Le mois de février est un peu moins froid. Les jours de pluie ou de neige sont plus rares; quelquefois cependant, ils persistent jusqu'au milieu du mois de mars. Ordinairement alors la neige et les pluies cessent, les beaux jours commencent à apparaître. Pendant toute cette période de froid, ce sont les vents du nord-est et du nord-ouest qui prédominent.

En mars, la température devient plus douce, malgré les orages, qui augmentent alors de fréquence. Pluies assez abondantes, quelquefois encore avec grêle : on a vu pendant ce mois tomber des grêlons de la grosseur d'un œuf de perdrix. Avril et mai ont une température plus constante; mais le ciel, parfois obscurci, laisse deviner les orages qui fondent encore sur les montagnes.

Pendant l'année 1863, les orages ont été plus fréquents que de coutume. Cette fréquence inquiète parfois les cultivateurs ; les moissons ne sont pas toujours certaines.

Les chaleurs deviennent toujours très-fortes en juin et juillet, même dès le matin. Elles se continuent souvent toute la journée. Le siroco se fait fréquemment sentir plusieurs jours de suite. Ce sont les vents du sud qui prédominent alors, et rendent les chaleurs bien plus accablantes. Les nuits cependant sont toujours fraîches, quelquefois froides, eu égard à la chaleur des jours.

Pendant les mois d'août et de septembre, la température est supportable. Il en est de même jusqu'au milieu du mois d'octobre. Alors commencent les pluies, qui pendant ce mois sont toujours très-fréquentes, mais rarement accompagnées de grêle.

En novembre, les froids deviennent plus vifs, la température baisse considérablement et la neige tombe en abondance. Elle persiste alors dans la plaine, qui en reste couverte plus ou moins longtemps.

Tels sont les renseignements qui nous ont été fournis par ceux-là mêmes qui habitent le pays. Ajoutons que, pendant notre séjour, la température a été loin d'être constante. Des variations assez brusques se sont produites, et, chose assez rare à cette époque (du 15 au 20 août), deux orages ont éclaté dans la plaine. La quantité d'eau tombée a été minime, et le vent du nord-est a subitement chassé les nuages sur les sommets des *Aurès*.

On peut donc dire que le climat de *Khenchela* offre, à l'égard de la température d'hiver et d'été, des différences considérables.

INFLUENCES DE PROXIMITÉ. — Devons-nous signaler, à 25 kilomètres au Nord, la présence d'un lac salé assez étendu, quoiqu'il ne nous paraisse avoir aucune influence fâcheuse sur la salubrité de la localité que nous étudions? Les lacs

salés ne sont en effet généralement point causes d'insalubrité, et chacun sait, comme le dit M. l'Inspecteur Michel
Lévy dans son *Traité d'hygiène*, que les marais mouillés,
ne desséchant jamais et ayant leur vase continuellement
noyée, n'ont guère d'influence.

Il est un fait positif, c'est que les montagnes assez élevées
qui environnent la plaine de *Khenchela* exercent une certaine action sur la climatologie de cette localité; de même
que la culture du maïs, surtout dans le sud de cette plaine,
nécessitant de vastes étendues d'eau sur une large surface,
peut être regardée comme une des causes des affections
intermittentes qui y règnent.

On sait que les montagnes dénudées ont pour effet d'é-
loigner les orages, mais aussi elles contribuent pour beaucoup à rendre l'air plus vif et plus froid. On sait aussi que
les montagnes où pendant longtemps séjourne la neige,
rendent les couches d'air plus froides et plus humides. Ce
n'est point que nous disions, comme plusieurs auteurs[1], que
les hautes cimes des *Aurès* sont constamment couvertes
de neige; mais ce qui est certain, c'est que souvent elle y
tombe avec abondance, et que quelquefois elle persiste la
plus grande partie de l'hiver.

Qualité et quantité des eaux.

L'eau est en abondance à *Khenchela*. Non—seulement la
plaine est parcourue par deux cours d'eaux, l'*ouëd Bou-
Ranghal* et l'*ouëd Fringal*, qui réunis forment une rivière

[1] Dureau de la Malle, *loc. cit.*

assez considérable pour pouvoir faire aller plusieurs moulins en toute saison, mais encore il existe une grande quantité de sources. Nous avons déjà signalé l'existence de plusieurs petites sources sur le flanc des mamelons qui emprisonnent la rivière sur la rive gauche, et qui en certains endroits forment des marécages. Pareilles conditions n'existent point sur la rive droite. Il est, en effet, digne de remarque qu'on ne trouve pas de sources de ce côté (versant ouest des monts *M'ahmel*). Les montagnes sont plus près de la rivière, l'inclinaison du terrain est plus grande, mais la nature des terres et la fertilité sont les mêmes.

Nous allons successivement nous occuper : 1º des rivières, 2º des sources, et 3º enfin nous dirons quelques mots d'une eau thermale que l'on rencontre à 8 kilomètres nord-ouest, au pied d'un mamelon des *Aurès*, près de la route qui conduit à *Batna*.

RIVIÈRES. — Deux rivières traversent la plaine de *Khenchela* ; ce sont les deux cours d'eau les plus importants de la localité. Nous ne ferons que mentionner l'*ouëd Méla*, dont les eaux salées coulant de l'Est à l'Ouest ; entre le mont *Kallel* à gauche, le *coudiat Saïd* et le *djébel Tafrint* à droite, vont se perdre à peu de distance dans la vaste plaine qui s'étend jusqu'au lac. Son cours est peu rapide, et ses eaux peu abondantes peuvent à peine être employées pour l'irrigation de quelques petites prairies.

L'*ouëd Bou-Ranghal* est la rivière principale. Elle prend naissance à 5 kilomètres sud-est du *bordj*, au milieu de la plaine qu'elle traverse en serpentant. Grossie immédiatement après sa naissance par l'*ouëd Fringal*, son volume d'eau est considérable. M. Bouillet, inspecteur de la colonisation à Batna, a trouvé par le jaugeage que ces deux rivières réunies donnaient 65 litres d'eau à la seconde, soit 5,900 litres à la minute. L'*ouëd Bou-Ranghal* se dirige du Sud au Nord et va se perdre 30 kilomètres plus loin dans le *Guérah-el-Tharf*. Son eau légèremènt trouble et saumâtre n'est cependant pas désagréable au goût. Elle n'a pas d'odeur, malgré les détritus végétaux qu'elle ramasse sur ses bords, et malgré son peu de fraîcheur qui varie avec la température des jours; elle sert de boisson aux indigènes qui habitent la rive droite, privés des sources si abondantes que nous avons constatées sur la rive gauche. Le fond légèrement vaseux est parfois rempli de détritus végétaux qui proviennent de la végétation active et variée qui couvre les bords de la rivière. Le lit de l'*ouëd Bou-Ranghal* varie de largeur et de profondeur. Le jaugeage des eaux de la rivière a été fait sur un point où les eaux avaient 0^m,90 de profondeur et de 0^m,75 de largeur.

L'*ouëd Fringal* prend sa source au pied du *djébel Fringal*, au sud-ouest de la maison de commandement, par une source très-abondante dont nous parlerons plus bas et qui présente une particularité d'intermittence assez singulière; c'est ce qui fait que les eaux de l'*ouëd Fringal* sont plus ou moins abondantes suivant les époques. Le lit de la rivière est assez large et peu profond; les eaux, moins abondantes, mais plus fraîches et plus pures que celles de l'*ouëd Bou-Ranghal*, coulent sur des galets. Elles n'ont ni odeur ni saveur, et leur fraîcheur les rend très-agréables au goût. Les Arabes de la plaine utilisent la plus grande partie de ses eaux pour la culture du maïs. En temps ordinaire, le débit de l'*ouëd Fringal* est de 25 litres à la seconde, soit 1,500 litres à la minute. Le lit de la rivière a 1^m ou 1^m,50 de largeur, sur 0^m,25 ou 0^m,30 de profondeur.

SOURCES. — Il existe plusieurs sources très-considérables au pied des *Aurès* ou dans la plaine. Le plus grand nombre cependant se rencontre autour du mamelon où se trouve construite la maison de commandement.

A. — Une des plus importantes, et dont nous ne parlons ici qu'à cause de la particularité qu'elle présente, est celle qui donne naissance à l'*ouëd Fringal*. Cette source, appelée par les Arabes *Aïn-nolet-Ouhaïd*, est intermittente et a de tout temps attiré l'attention des indigènes et surtout des voyageurs. Voici ce que raconte Peyssonnel : « Ils me dirent donc (les ministres d'Assem-bey) qu'étant campés dans la montagne d'*Aurès*, à quatre lieues au nord de l'ancienne *Bagaï* (aujourd'hui *Ksar-Baraï*) et à cent cinquante milles au sud-est de Constantine, on leur parla de la fontaine appelée *Aïne-Louët*, qui ne coule que les vendredis. Le bey regarda cela comme une fable. Il y fut cependant le jeudi soir : on trouva un gros rocher taillé, à côté une grotte avec six cellules de chaque côté, le tout travaillé à pointe de marteau dans un roc vif, et par-dessus un grand trou où il n'y avait presque point d'eau. Le vendredi, incontinent après midi, ils virent sortir et monter à gros bouillons l'eau, qui pouvait à l'instant même former un ruisseau considérable. Tout le camp y fut et but de cette eau très-bonne, qui coula ainsi depuis midi jusqu'au soir, et cessa entièrement aussitôt le soleil couché. On assure que cette espèce de prodige arrive régulièrement tous les vendredis de la même manière[1].»

Il aurait cependant voulu s'en assurer lui-même, et il explique plus loin pourquoi il fut forcé de s'en rapporter aux paroles du bey de Constantine : « Nous eûmes avis.... que si nous poursuivions notre route jusqu'à *Aïne-Louët*, nous pourrions être attaqués. Le commandant ne jugea pas à propos d'y aller, attendu de plus que le chef de la Momara (*Amamra*) qui était de la nation qui habite ce pays, était avec Boïsis (sultan des *Anenchas*) alors en guerre avec le bey de Constantine, et qu'il n'y avait personne au camp qui pût répondre de nous ; de sorte enfin qu'au lieu d'aller dormir à cette fontaine où je devais rester le jeudi, le vendredi et le samedi, pour y faire toutes les observations nécessaires, je fus obligé de retourner au camp, bien chagrin de n'avoir pu observer ce que je souhaitais. Je suis donc obligé, Monsieur[2], de m'en rapporter à tout ce qu'on m'en a dit; mais la conduite du bey là-dessus est une confirmation de ce qu'il m'avait assuré avec serment sur ce sujet, n'étant pas probable qu'il se fût exposé à être reconnu menteur, lorsqu'il m'envoya à dessein de reconnaître la vérité de ce qu'il m'avait dit[3]. »

Cette fontaine merveilleuse pour les Arabes est en effet située, comme le dit Peyssonnel, au pied d'un gros rocher au-dessus duquel, 30 ou 40 mètres plus loin, sur le flanc du *djébel Fringal*, se trouve l'ouverture d'une grotte où l'on pénètre aujourd'hui très-difficilement. On ne peut en-

---

[1] Peyssonnel, *loc. cit.*, pag. 296.
[2] L'abbé Bignon, conseiller d'État, à qui sont adressées les lettres.
[3] Peyssonnel, *loc. cit.*, pag. 358.

suite s'aventurer bien loin dans ce couloir inégal, où il faut se glisser à plat ventre, car on est arrêté par une nappe d'eau qui paraît tranquille et très-étendue. Le niveau du liquide nous a paru en rapport avec l'une des fentes très-étroites situées à la partie inférieure du gros rocher par où s'échappe l'eau qui forme l'*ouëd Fringal*. D'après ce que racontent les habitants, tous les quinze ou vingt jours en été, et plus souvent en hiver, l'eau augmente tellement de volume que quelquefois le lit de la rivière est insuffisant pour la contenir.

Avec leur amour pour le merveilleux, loin de chercher à s'expliquer la chose, les Arabes aiment mieux ajouter foi à la légende que nous a racontée l'un d'eux.

Autrefois cette localité très-fertile était divisée par autant de jardins qu'il y avait de tentes dans le douair. La rivière suffisait à peine pour les arroser ; et si elle n'était point cause de dispute, si la bonne harmonie régnait dans la tribu, c'est grâce à l'influence et aux sages conseils d'un homme très-pieux, *marabout* distingué. Mais un jour il arriva que ce saint homme mourut, ne laissant qu'un enfant en bas âge. Alors la méchanceté naturelle des habitants se montra. La discorde éclata dans le douair, et chacun, en guerre avec son voisin, voulut une plus grande quantité d'eau pour son champ. C'est ainsi que n'ayant personne pour le protéger, le faible orphelin se vit privé de cette eau si précieuse pour son jardin, sa seule fortune. Lui, l'isolé, ne pouvant rien obtenir malgré ses justes réclamations, invoque *Allah* et *Mahomed* son prophète. Puis il s'adresse à son père, l'homme saint, le fidèle serviteur d'*Allah*, autrefois tant aimé de la tribu entière.

Il arriva alors qu'*Allah*, indigné de cette injustice, permit à la rivière de grossir pour aller incontinent arroser le jardin de l'*Orphelin*. Et depuis, toutes les fois que le terrain en a besoin, elle va fertiliser le champ de l'*Isolé*.

Aussi les Arabes appellent-ils cette fontaine *Aïn-nolet-Ouhaïd*, fontaine de la *part d'eau de l'Isolé*; ou bien *Nouba-el-Ouhad*, le *tour d'un seul*.

Pour nous, ce fait s'explique autrement. La source qui est au pied du rocher n'est très-probablement qu'une filtration des eaux du bassin que nous avons vues après avoir pénétré dans la grotte; et l'intermittence serait due à un bassin supérieur qui, recevant d'autres eaux de filtration, se remplirait peu à peu et finirait ainsi, à une certaine hauteur, par amorcer un siphon naturel, lequel à l'instant faciliterait son écoulement complet. Peu à peu le bassin se remplit ensuite, pour se vider de nouveau brusquement lorsque le niveau liquide atteint la partie la plus élevée de la courbure du conduit qui remplit le rôle de siphon.

Ces fontaines intermittentes ne sont d'ailleurs point rares dans ce pays, où presque toutes les couches qui composent le sol ont une direction très-oblique, indiquant par là les divers changements de position qu'elles ont dû subir par suite de tremblements de terre, si fréquents autrefois. Une fontaine semblable existe un peu plus loin du côté d'*Aïn-Beïda*.

Quoi qu'il en soit, le volume d'eau est souvent très-considérable. L'eau, claire et limpide, est agréable comme boisson; elle n'a ni odeur ni saveur.

B. *Fontaine Romaine.* — Cette fontaine, restaurée par

le génie militaire en 1862 , est située à 200 mètres ouest du *bordj* , à droite de la route de *Batna* à *Khenchela* , au pied du *Chabor*, dernier mamelon est des mont *Aurès*. Deux conduits souterrains amènent une partie des eaux à la fontaine qui existe dans la cour de la maison de commandement d'un côté, et d'un autre côté dans celle du Caïd. L'excédant se déverse dans une grande piscine de construction romaine, où l'on voit encore aujourd'hui des colonnes énormes, avec leurs chapitaux, couchées au milieu des herbes et des joncs qui encombrent ce réservoir, qui peut mesurer 15^m de long sur 5 de large.

La fontaine du Bordj donne .... 2 litres à la seconde.
La fontaine du Caïd donne 1   —   —
L'eau qui tombe dans le réservoir ... 3   —   —

La température est la même pour les trois fontaines :

Therm. à alcool..... 19º centigrades.
Therm. à mercure... 20º   —

L'eau, très-claire et limpide , comme d'ailleurs celle de toutes les sources de la localité , paraît en outre contenir quelques principes salins. Les habitants de la localité ont reconnu qu'elle était légèrement purgative. Malgré cela et quoique peu fraîche, elle n'est point désagréable au goût. Pendant notre séjour à *Khenchela* , nous n'avons pas constaté cet effet purgatif, qui nous a été signalé par bon nombre d'indigènes.

Il existe à 50 mètres au sud de la fontaine Romaine une petite source non aménagée, dont les eaux vont se confondre un peu plus bas avec celles de la précédente fontaine qui servent à arroser les jardins du Caïd et celui de la maison de commandement. La qualité des eaux est la même , la température n'en diffère point.

C. *Sources dites des Figuiers.* — Ces sources, au nombre de six , forment trois bassins séparés. Les eaux des deux premiers bassins se réunissent à peu de distance et vont, par un canal creusé tout exprès, servir à l'irrigation des plantations faites autour du *bordj*. Les eaux du troisième bassin servent à arroser les jardins de quelques indigènes employés comme cavaliers du Bureau arabe et campés sur le même plateau. Ces diverses sources sont situées très-près les unes des autres, au pied d'énormes figuiers qui protégent les eaux de leur ombrage, au nord de la fontaine Romaine , dont elles sont séparées par la route de *Batna* à *Khenchela.*

1° Le premier bassin, le plus rapproché de la fontaine Romaine, présente deux sources. Température moyenne :

> Therm. à alcool..... 19° centigrades.
> Therm. à mercure... 20°   —

2° Le deuxième bassin, situé à côté du précédent , présente également deux sources. La température est la même.

3° Le troisième bassin, plus large, situé 8 ou 10^m plus loin au nord, présente trois sources. Quelques pièces de maçonnerie indiquent qu'autrefois il devait exister là un réservoir assez vaste.

Température moyenne :

> Therm. à alcool. .... 20° centigrades.
> Therm. à mercure... 21°   —

Cette différence dans la température des eaux tient à ce

qu'ici la température n'a pu être prise que dans le bassin même ; tandis que pour les autres sources nous avons pu placer nos thermomètres au point même d'où jaillissent les eaux. D'ailleurs, l'eau de ces trois bassins offre les mêmes qualités et le même effet purgatif que celle de la fontaine Romaine. Ces trois bassins réunis donnent un débit de 8 litres à la seconde, soit 480 litres à la minute. Ajoutons que ce chiffre n'est que très-approximatif, car il y a des pertes considérables.

D. *Sources isolées autour du mamelon où est batie la maison de commandement.* — Toutes ces sources ont été plus ou moins bien arrangées en fontaines; mais c'est là un travail à refaire, car il y a pour chacune des pertes énormes. L'eau suinte de toutes parts autour du conduit principal ; aussi l'évaluation de la quantité d'eau fournie n'est-elle que très-approximative, et certainement bien au-dessous de la quantité réelle. Leur température, la même pour toutes, est bien différente de celle des précédentes, elle n'a jamais dépassé 14° ou 15° centigrades. L'eau est plus fraiche, plus agréable au goût, et ne présente plus l'effet laxatif dont nous avons parlé plus haut.

1° Fontaine située derrière le *bordj*, à 60 ou 70 mètres au Nord, sur le côté gauche de la route qui conduit à la pépinière. Très-mal construite, conduit rempli de fissures. Débit : 2 litres à la seconde, soit 180 litres à la minute.

2° Fontaine située au-dessous de la petite maison d'un des cavaliers du Bureau arabe, appelée *Aïn* (fontaine du Roseau), sur le flanc du même mamelon où se trouve située la précédente, à 900.m environ au nord du *bordj*. Impossible d'évaluer exactement la quantité d'eau qu'elle donne. Ces eaux, réunies à celles de la fontaine précédente, vont, par un canal particulier, arroser les jardins de la pépinière.

3º Fontaine *du village*, existant à droite de la route du *bordj* à la pépinière, à 200m à l'est de cette route, appelée tout simplement *Aïn* par les Arabes de la tribu voisine et les habitants de quelques petites maisons construites par le caïd au pied du mamelon. Elle sert à arroser quelques prairies artificielles. C'est là où viennent puiser les Arabes et les habitants de ce que l'on appelle le village. Le conduit a 5m de long, et laisse filtrer une grande quantité d'eau. Débit : 1¹,50 à la seconde, soit 90 litres à la minute.

4º Fontaine dite du *Cadhi*, à 700 ou 800m au nord du *bordj*, destinée à la *smala* du *Cadhi* de *Khenchela*, campée à peu de distance. Débit : 60 litres à la minute.

5º Fontaine de la *pépinière*, située à 900m au nord-est du *bordj*, à l'entrée du jardin, et pouvant facilement être amenée à l'habitation du jardinier. Réunie aux eaux des deux premières fontaines, elle sert à arroser les plantations de cet établissement. Débit faible : 50 litres à la minute.

E. Il existe encore beaucoup d'autres sources, soit du côté de l'*ouëd Bou-Ranghal*, soit au milieu de la plaine, soit au pied des *Aurès* ; mais elles ne présentent rien de particulier. Leurs eaux se perdent, pour la plupart, dans les terrains qu'elles arrosent. Quelques-unes sont cependant très-abondantes ; les plus considérables sont :

1° Les deux sources dites *Aïnsfa*, au nord-est du *bordj*, entre la pépinière et l'*ouëd Bou-Ranghal*. Les eaux de ces deux fontaines pourraient être amenées dans le jardin de la pépinière. Débit considérable : 4 litres à la seconde, soit 240 litres à la minute.

2° *Aïn-M'la-Chagran*, située à 2000^m sud-ouest du *bordj*, au pied du *djébel Akerdoun* des *Aurès*, coulant vers l'*ouëd Bou-Ranghal*, et servant à arroser des plantations de maïs. C'est la source la plus abondante, qui souvent forme à elle seule un petit ruisseau. Débit : 36 litres à la seconde, soit 2 160 litres à la minute.

3° Les deux sources dites *Aïn-Mayours*, à 3 kilomètres au sud du *bordj*, au milieu de la plaine qu'elles servent à arroser. Les eaux très-abondantes vont se jeter dans la rivière. Débit : 30 litres à la seconde, soit 1 800 litres à la minute.

L'eau de ces trois dernières sources participe des qualités de celle des fontaines situées autour de la maison de commandement ; la température est sensiblement la même ; elle est aussi agréable au goût, ne déterminant point l'effet purgatif des eaux de la fontaine Romaine et de celle des sources des Figuiers.

Comme on le voit, les eaux abondent à *Khenchela*, et les sources présentent plusieurs particularités intéressantes. Quoiqu'il nous ait été impossible de faire une analyse com-

plète, les réactifs et les instruments spéciaux n'ayant point
été mis à notre disposition, nous pouvons d'après les caractères généraux, en tenant compte de l'opinion des habitants du pays, qui ont pour eux l'expérience acquise par
l'usage habituel ; nous pouvons, dis-je, classer ces eaux
ainsi qu'il suit : 1° eau des sources à température peu élevée ; 2° eau des sources à température plus élevée et légèrement purgatives ; 3° eau de la rivière. L'eau de l'*ouëd
Méla*, fortement chargée de chlorure de sodium, n'est
point potable.

Il est un fait certain, c'est que les indigènes connaissent
très-bien la nature et la bonté des eaux de toutes les sources.
Partout où nos thermomètres marquaient 14° et 15° centigrades, les Arabes nous assuraient de la bonne qualité
des eaux ; tandis que là où ils nous disaient que l'eau n'était
pas bonne et était légèrement purgative, nos thermomètres
s'élevaient à 19° et 20° centigrades.

Nous avons voulu essayer si toutes ces eaux dissolvaient
également bien le savon, et pouvaient servir toutes également bien aussi à la cuisson des légumes. Les résultats
ont été différents. L'eau des fontaines, ou mieux l'eau des
sources à température basse, est de beaucoup préférable.
Non-seulement elle est plus fraîche, ayant à un haut degré
cette qualité pénétrante si agréable, mais encore elle dissout facilement le savon et cuit très-bien les légumes. L'eau
des sources à température plus élevée dissout moins bien
le savon : on voit des grumeaux se former dans le liquide
quelques instants après ; malgré cela, elle est propre à la
cuisson des légumes. Sa saveur n'est point désagréable,
son odeur nulle ; mais ayant peu de fraîcheur, elle plaît moins

que celle des fontaines. Les Arabes, avons-nous dit, s'accordent à lui reconnaître un effet laxatif. Je crois qu'on peut ajouter foi à leur parole, quoique cet effet ne m'ait point été prouvé autrement que par l'attestation du Caïd, homme sérieux, intelligent et instruit. Au troisième rang, nous placerons l'eau de la rivière. L'*ouëd Bou-Ranghal* traversant un terrain tantôt calcaire, tantôt argilo-sablonneux ou complètement argileux ou marneux, il est naturel de voir les eaux chargées de matières organiques et de principe terreux. Cependant elles dissolvent bien le savon et cuisent aussi les légumes ; mais elles ont moins de fraîcheur et un goût légèrement vaseux et saumâtre plus prononcé en certains endroits. Néanmoins, comme nous l'avons dit plus haut, elles servent de boisson à plusieurs fractions de la tribu.

En résumé, les eaux des sources sont préférables sous le rapport de la limpidité et de la température, mais la plupart contiennent une proportion trop élevée de matières salines. Les eaux de la rivière sont certainement plus aérées, mais elles sont toujours troubles, tièdes en été, glaciales en hiver, et surtout chargées de matières organiques en décomposition.

Eaux thermales du El-Hammam.

Les eaux thermales sont loin d'être rares en Algérie, on en trouve partout dans notre province. Il n'y a peut-être pas une localité qui n'ait son *Hammam*. « Les sources thermales jaillissent à travers toute espèce de roches ;.. mais c'est dans les régions volcaniques ou dans celles qui, à des époques comparativement récentes, ont été ébranlées par de violents tremblements de terre, qu'on les trouve en plus grand nombre [1].»

L'eau thermale dont nous allons dire quelques mots se rencontre à 8 kilom. nord-ouest du *bordj* de *Khenchela*, au milieu du massif montagneux des *Aurès*, non loin de la route de *Batna*. « Une vallée profonde dirigée du sud au nord se soude au *djébel Guélaa*, reçoit vers le milieu de son parcours les eaux thermales du *Hammam*, dont la température est de 60°, et débouche dans le *Tharf*, à 5 kilomètres de ruines dont l'étendue indique l'importance que cette partie de l'Afrique avait à l'époque de l'occupation romaine [2].»

Le bassin où se trouvent les eaux thermales du *Hammam* se prolonge au nord sous la forme de vallée très-étroite. Il est limité à l'ouest par le *djébel Akar* et le *djébel Bonzikri*, au sud par le *djébel Cerra* et le *djébel Guélaa*, à l'est par le *djébel Douens*.

Entre le *djébel Cerra* et le *djébel Guélaa* prend naissance une petite rivière, appelée par les Arabes *N'Trerzout*, qui coule du sud au nord vers la plaine, suivant la vallée dont nous venons de parler. C'est sur la rive droite de cette rivière, au fond du bassin dont nous venons de donner les limites, à 4 ou 5 mètres au plus du lit du ruisseau, que l'on aperçoit deux sources chaudes très-abondantes, qui constituent presque à elles seules le ruisseau, qui change de

[1] Ch. Lyell ; *Principes de géologie*, traduction de M. Tullia Meulien, tom. I, pag. 139.

[2] Coquand ; *Rapport sur la mine de cuivre gris du Hammam*, *près Khenchela.*

nom en ce point : c'est l'*ouëd El-Hammam*. Quelques ruines romaines situées à 200 mètres au nord, sur la rive droite, semblent indiquer par leur étendue qu'il existait là un établissement thermal.

Les sources situées au pied du *djébel Douens* sortent d'un massif de maçonnerie en grosses pierres de taille, présentant une face convexe assez apparente, ressemblant beaucoup, sous le rapport de la construction, à l'extérieur de ces murailles énormes que l'on voit à *Hammam-Meskoutine*, et qui n'étaient très-probablement que de vastes piscines. Cette supposition est ici très-admissible, car d'après l'état des lieux il est facile de comprendre que l'action des pluies sur le *djébel Douens*, assez élevé et à pente très-raide, aura eu pour effet de combler cette piscine de forme circulaire, dont la convexité sera restée à nu, étant souvent balayée par les débordements successifs de l'*ouëd N'Trerzout*. Sous l'influence du temps, le massif de maçonnerie a cédé légèrement, et l'eau thermale, peut-être quelque temps emprisonnée, a trouvé deux issues par où elle se répand aujourd'hui, formant la rivière qui au-dessus est souvent à sec pendant l'été.

La température de cette eau prise aux sources mêmes est de 70 degrés centigrades. La plupart des animaux qui s'y plongent sont instantanément privés de vie, et il est curieux de voir les grenouilles, qui fourmillent sur les bords de la rivière froide, venir, pourchassées par les chiens, trouver subitement la mort dans ces eaux limpides, mais brûlantes. Cette température élevée est utilisée par les Arabes, qui y viennent faire cuire ou durcir les œufs qu'ils prennent comme aliments. Jetée sur du café et filtrée, cette eau nous a donné une liqueur très-agréable au goût, en tout semblable à l'infusion de café que l'on prépare habituellement. Par le refroidissement, ces eaux abandonnent sur les nombreux galets de la rivière, une matière calcaire rougeâtre, que l'on trouve aussi sur tous les détritus végétaux sur lesquels elles coulent. Ce dépôt calcaire, d'un rouge brique, n'est cependant pas très-abondant, il est très-friable et ne durcit point en séchant. L'eau refroidie peut très-bien être prise comme boisson ; elle n'a aucune odeur, et sa saveur, très-légèrement styptique, ne déplaît point au goût. Les vapeurs qui s'élèvent des sources n'ont aucune odeur de soufre.

Ces eaux thermales ressemblent beaucoup par leurs caractères physiques aux eaux ferrugineuses que l'on voit à *Hammam Meskoutine*, où nous avons été détaché en qualité d'aide-major de deuxième classe pendant les deux saisons de l'année 1861. Elles ont à peu de chose près la même température, et comme elles, «elles n'ont pas d'odeur sulfureuse ; leur saveur est un peu styptique ; elles sont limpides et incolores à leur point d'émergence, mais elles laissent dans le ruisseau où elles tombent un dépôt de sel calcaire ocreux [1]. »

Leur volume est très-considérable et la chaleur persiste au loin dans le lit de la rivière. Au moment où le *El Hammam* entre dans la plaine, il dessert un moulin qui peut marcher en toute saison.

Une source appelée par les Arabes *Aïn-Ourten* existe sur le flanc du *djébel Douens*. L'eau fraiche et abondante sert

[1] E. Moreau ; *Eau thermale de Hammam Meskoutine.*

de boisson aux indigènes, dont elle arrose les quelques jardins.

Une route carrossable la plus grande partie de l'année, conduit de *Khenchela* au milieu du bassin où se trouvent situées les eaux thermales. Cette route pittoresque traverse une partie de la forêt des *Aurès*, sur le flanc du *djébel Douens*.

ANALYSE DES EAUX THERMALES DU HAMMAM. — Je dois à l'obligeance de mon ami M. Jules Pellet, pharmacien de première classe à Philippeville, l'analyse : 1° de l'eau prise aux sources mêmes ; 2° du résidu ocreux que nous avions recueilli sur les pierres où coulent les eaux thermales.

1° *Analyse de l'eau*. Prise aux sources, elle a une température de 70 degrés centigrades.

Poids du résidu laissé par 1 litre d'eau $2^{gr},30$.
dont :

Carbonates.	»	$^{gr},16$
Chaux	»	53,5
Sesquioxyde de fer	»	11
Chlorures (ou mieux chlore $0^{gr},32$)	1	35
Sulfates (ou acide sulfurique $0^{gr},315$)	»	92
Soude (je n'ai pu l'indiquer faute de liquide).		

Le fer et l'alumine se trouvent dans l'eau dissous à la faveur de l'acide carbonique (bicarbonates).

La chaux est en partie unie à l'acide carbonique et à l'acide sulfurique, la soude à l'acide chlorhydrique.

Je n'ai remarqué que de bien faibles traces de matières organiques et de magnésie.

2º *Analyse du résidu ocreux* laissé par les eaux thermales sur les pierres qu'elles touchent :

Sur 10 grammes de résidu nous trouvons :

Silice (ou substances insolubles dans les acides). 2 gr 30
Peroxyde de fer..................... 2   84
Alumine....................... »   24
Chaux....................... 1   72

Perte éprouvée par la calcination (après avoir préalablement séché le précipité à 120º centigrades environ) et provenant, soit des matières organiques (surtout), soit de l'acide carbonique..................... 1   40

Le fer, la chaux et l'alumine se trouvent là à l'état de carbonates.

Routes qui conduisent à Khenchela.

Les routes qui, des localités voisines, conduisent à *Khenchela*, laissent beaucoup à désirer ou plutôt sont à construire totalement. Ce ne sont que des chemins muletiers plus ou moins larges et sans aucun tracé. Ces routes sont au nombre de trois : l'une, de *Batna* à *Khenchela*, mesure 90 kilomètres; l'autre, d'*Aïn-Beïda* à *Khenchela*, 52 ; et la troisième, enfin, de *Tebessa* à *Khenchela*, 89. La meilleure, sans contredit, est celle de *Batna;* elle est large, et peut en été permettre le passage aux voitures légères. Celle de *Aïn-Beïda* est aussi carrossable pendant la même saison, ce qui permet aux colons de cette ville de venir exploiter les bois de construction qui se trouvent dans les *Aurès*. A l'est de cette route est placée la pépinière, qui laisse encore beaucoup à désirer, et dont les plantations sont souvent contrariées par la violence des vents. La route qui conduit à *Tebessa* est une route muletière qu'il n'est pas toujours facile de parcourir. surtout pendant l'hiver.

Une autre route très-agréable, mais qui n'est pas, il est vrai, la meilleure, est celle qui, partant de *Batna,* passe à *Lambèse, Marcouna,* traverse la plaine de *Sidi-Mansar,* arrive à *Tamugadist,* et va rejoindre la route dont nous avons parlé plus haut, dans la plaine de *Rba,* près de la rivière de ce nom, où se trouvent un *bordj* et un moulin à deux meules, appartenant au caïd des *Ouled-Daoud.* Signalons, au sud, le chemin muletier qui conduit à *Biskra,* passant entre le *djébel Djaafa* à l'est, et les *Aurès* à l'ouest.

Un ordre de la subdivision, en date du 3 juillet 1863, nous donne les renseignements suivants pour la route de *Batna* à *Khenchela,* la plus généralement suivie :

« Les rivières que l'on rencontre sont : la rivière de *Rbah,* la rivière de *Bou-el-Freiss* et la rivière de *Mliah.* On ne doit pas tenter le passage de ces rivières dès qu'elles sont un peu grosses, à moins qu'un garde indigène n'ait trouvé un très-bon gué.

» Ces rivières sont redoutables, non-seulement par la rapidité des eaux, mais encore par les cailloux, les grosses pierres qu'elles roulent et les bancs de sable et de vase qu'elles forment.

» Pour la rivière de *Rbah,* on trouvera aide et renseignements au moulin de *Rbah* (sis à 2 kilomètres en amont sur la rive gauche), chez le caïd *Bou-Diaf.* Pour la rivière *Bou-el-Freiss,* au lieu dit *Kolnéa,* chez les *Oueld-Amor ben-Fahetel,* à 2 kilomètres en aval sur la rive gauche. Pour la rivière *Mliah,* où il n'y a point de poste permanent dans le voisinage, il faudra s'adresser aux tentes les plus voisines.

» Ces trois rivières, même dans les plus grandes eaux, ne débordent jamais; cependant il est toujours prudent de se placer sur une éminence quand on est obligé de camper sur leurs bords. »

Résumé.

De l'étude que nous venons de faire de la localité de *Khenchela,* il résulte que le pays offre tous les avantages possibles pour l'installation de la colonie militaire indigène projetée. Cette localité nous paraît généralement salubre, malgré les quelques conditions défavorables énoncées plus haut. Il y aurait peu de chose à faire pour la complète salubrité du pays. Les conditions hygiéniques nous paraissent devoir devenir excellentes; une distribution bien entendue des eaux, quelques travaux de drainage, la recherche de plusieurs sources, etc., tels sont les premiers travaux nécessaires.

L'hiver est assez rigoureux, et néanmoins les affections pulmonaires s'y observent peu, d'après le rapport des indigènes. Nous en avons interrogé et examiné un grand nombre, et nous n'avons constaté que très-rarement, soit bronchite, soit pleurésie ou pneumonie chroniques. La phthisie est rare; nous ne l'avons rencontrée que chez deux individus.

Les fièvres qui se développent de temps à autre dans la localité sont généralement bénignes et de peu de durée.

Peu d'accès graves ou pernicieux. Durant notre séjour nous n'avons constaté, chez les nombreux indigènes qui se sont présentés à notre visite, que très-peu d'accès et quelques légères cachexies paludéennes. Il est certain pour nous que, les conditions dont nous avons parlé cessant, ces affections intermittentes disparaîtront peu à peu. Fertiliser un pays, c'est l'assainir; mais, comme d'ailleurs dans la plus grande partie de l'Algérie, il est probable que les défrichements et les premiers travaux seront suivis d'un surcroît de maladies, c'est par l'hygiène que l'on devra combattre ces influences passagères, mais toujours fâcheuses.

« Du reste, il est d'observation constante que tous nos établissements de l'Algérie ont été envahis par les fièvres intermittentes au moment où nous les avons occupés, et que ces fièvres se sont montrées sur beaucoup de points sous forme endémique. Aucune localité, ville, village, camp, ferme, etc.... n'a échappé à cette espèce de loi générale. Nous ferons cependant remarquer que ces endémies passagères n'ont régné, en général, que pendant les premières années d'occupation de chaque localité et sous l'influence des travaux d'installation [1]. »

« *Khenchela* réunit toutes les conditions hygiéniques pour la création d'un beau centre de population agricole. L'eau, le bois y sont en abondance. Géographiquement, son site est des plus avantageux, des plus agréables et à peu près à distance égale de *Constantine, Batna, Aïn-Béïda* et *Tébessa*. Dès-lors il est aisé de rendre compte des débouchés qu'offrirait au commerce, à l'agriculture, l'établis-

[1] E. Moreau, *loc. cit.*

sement d'un tel centre de population, surtout si les Européens y étaient mêlés aux Indigènes, et si l'on ouvrait des voies de communication avec les localités environnantes. J'appelle donc de tous mes vœux la création d'un village populeux à *Khenchela* [1]. »

Quant aux conseils à donner aux militaires qui doivent être désignés, nous n'avons ici qu'à suivre ceux du Maître :

« Les ouvriers devront être choisis parmi les plus robustes et les mieux constitués ; ils auront des vêtements épais, des chaussures hautes et imperméables ; ils ne se rendront pas à jeun sur le lieu de leurs travaux, qui cesseront avant la fraîcheur du soir ; il recevront une nourriture réconfortante, assaisonnée ; une boisson fermentée et une ration d'eau-de-vie leur seront distribuées, ainsi qu'une infusion légère de quinquina qu'ils boiront entre leurs repas. Des feux seront allumés dans le voisinage, pour qu'ils puissent sécher leurs vêtements dès qu'ils interrompent leur opération ou qu'ils ressentent les effets de l'humidité. L'application de ces précautions doit être impérieuse et stricte [2]. »

---

[1] *Le Commerce algérien*, numéro du 8 octobre 1864.
[2] Michel Lévy, *loc. cit.*, tom. I, pag. 615.

Barika.

II.

BARIKA

———

D'après les instructions que nous avions reçues lors de notre départ de *Batna*, nous devions rechercher dans le *Hodna* ou chez les *Ouled-Nadja* le point le plus favorable, c'est-à-dire celui qui réunirait les meilleures conditions, pour l'installation de la colonie projetée. Les troubles de *Bousadda* et de *Msilah* vinrent nous arrêter. Le 9 septembre, ordre nous fut donné par M. le colonel Séroka, du 66e de ligne, commandant la colonne du Sud campée ce jour-là à *El Radjar*, de ne point quitter le *bordj* de *Barika*, où deux compagnies de ce régiment gardaient un approvisionnement considérable. Mais déjà M. le capitaine d'état-major Heilman, président de la commission, avait examiné la situation du pays et l'avait trouvée favorable. Alors commencèrent nos opérations au nord-est de cette vaste et fertile plaine appartenant au plateau du *Hodna*, et que l'on désigne généralement sous le nom de plaine de *Barika*, à cause de la rivière de ce nom qui la traverse du N.-E. au S.-O.

Des ruines romaines existent çà et là dans la plaine, attestant par leur étendue que la population devait autrefois être très-nombreuse dans ce pays. Les Romains avaient parfaitement reconnu l'importance de cette position, car nulle part peut-être n'existent autant de ruines. Mais le temps n'a point laissé pierre sur pierre. Ce ne sont que de vastes décombres utilisés par les indigènes pour entourer leurs mauvais abris.

Les plus importantes sont, sans contredit, celles que les Arabes appellent *Euchir Tobna*, situées entre l'*ouëd Barika* et l'*ouëd Boumazouze* ou *ouëd Bitam*, à 4 kilom. au sud de la maison de commandement; ces ruines occupent une étendue considérable. La ville était donc fort grande; mais tout a été détruit, et il n'y reste presque plus rien qui mérite attention. Lorsque, après avoir lu ce qu'ont écrit les auteurs, on vient à parcourir cet amas de décombres, où sont campés sous la tente quelques Arabes pasteurs, on est vraiment touché de voir tant de misère dans cette solitude immense, après tant de vie et tant de splendeur.

« *Tobna* est l'ancienne *Tubuna* des Romains, ou *Tubonis*, d'après l'inscription trouvée au barrage de l'*ouëd Barika* par M. commandant Payen, et sur laquelle on lit: *Tubonis* [1]. »

« A quelque distance à l'ouest du *djébel Coufian* (aujourd'hui *Sfian*) dit Dureau de la Malle, dans la plaine de *Barikah*, entre l'*ouëd el Barikah* et la *Boumazouze*, sont les ruines de *Tubna*, dont le nom est le même que

---

[1] L. Piesse; *Itinéraire historique et descriptif de l'Algérie*, pag. 426.

celui de la ville ancienne de *Thubuna*, mentionnée par Ptolémée. Les Arabes ont la conviction que d'immenses trésors sont cachés sous ces décombres [1]. »

Quoi qu'il en soit, *Tobna* présentait jadis l'aspect le plus florissant, et la campagne était belle. « *Tobna*, à l'ouest de l'*Aurès*, est une jolie ville pourvue d'eau, située au milieu de jardins, de plantations de coton, de champs ensemencés de blé et d'orge. Ses habitants, qui sont un mélange de diverses peuplades, se livrent avec succès au négoce. On y trouve des dattes en abondance, ainsi que d'autres fruits [2]. »

Aujourd'hui l'aspect des ruines est triste et monotone. « De *Tobna*, la ville élégante entourée de frais jardins d'orangers et de plantations de coton, il ne reste plus rien [3]. » Les ruines de la ville, enfouies dans le sable, s'élèvent cependant encore de 1^m ou 1^m,50 au-dessus du niveau de la plaine. De l'Est à l'Ouest, on peut suivre très-exactement les anciennes murailles légèrement élevées au-dessus du sol, construites en briques et en petites pierres, et d'une épaisseur de plus de 1^m. Des fragments d'architecture, des débris de colonnes, de briques, de tuiles, de poteries, occupent l'emplacement de l'ancienne cité. Au sud-ouest de la ville existe un caré de maçonnerie de 70^m de long sur près de 50^m de large, présentant exactement la même forme que celui qu'on est convenu d'appeler le fort *Tamugadis*; mais il n'est ni aussi vaste ni aussi bien conservé.

Les murs écroulés, laissant des pierres sans ordre, les

---

[1] Dureau de la Malle; *Province de Constantine*, pag. 228.
[2] Edrisi, cité par Dureau de la Malle, *loc. cit.*, pag. 72.
[3] L. Piesse, *loc. cit.*, pag. 427.

unes sur les autres, sont encore élevés aujourd'hui de 7 à 8^m au-dessus du niveau du terrain. Malgré ce désordre, on voit très-bien quelle devait être la forme de cette construction. C'est un grand carré flanqué de tourelles à ses angles et au milieu des côtés qui regardent le nord, le sud et l'ouest. Sur le côté est se trouvait la porte, dont les colonnes volumineuses, ainsi que les énormes pierres de taille, se voient encore distinctement au milieu des ruines [1]. L'intérieur, aujourd'hui rempli de décombres, a servi naguère de cimetière aux indigènes de cette contrée. A l'Est, quelques pans de murailles encore debout semblent, d'après leur épaisseur et leur forme, indiquer l'ancienne position d'un réservoir ou d'une vaste étuve. Au milieu des ruines de la cité, on peut encore suivre des fondations qui, très-régulières, sembleraient révéler la longueur et la direction de certaines rues. C'est là aussi que se voient deux bassins, surfaces légèrement concaves de 10 à 15^m de diamètre, où, au lieu de trouver des amas de pierres et des débris de poteries comme partout ailleurs, on ne voit qu'une terre grasse et humide où croissent quelques herbes, tandis que toute la plaine est brûlée par le soleil de septembre. C'est probablement là qu'étaient « ces réservoirs dont parle Békri, qui recevaient les eaux de la rivière

---

[1] Au milieu des pierres de taille qui encombrent ce côté, nous avons remarqué une pierre taillée ayant 1^m,20 de longueur et 0^m,25 de largeur, sur laquelle on aperçoit distinctement gravé le chiffre ou monogramme de J.-C., que l'empereur Constantin fit placer sur l'étendard romain. « On sait que ce fut à l'occasion d'un prodige qui se manifesta lorsqu'il allait combattre Maxence, et qu'on vit alors dans l'air une croix avec ces mots en grec : Sois vainqueur par ce signe. » (*Dictionnaire de conversation.*)

de *Tobna* et fournissaient à l'arrosage des jardins appartenant à la ville[1]. »

Plus loin au Sud se voient quelques constructions mo-
dernes de pauvre apparence, destinées à abriter les ouvriers que M. Jus, ingénieur civil, occupait en 1860
pour le forage d'un puits artésien, presque comblé aujourd'hui. Ne trouvant point la nappe jaillissante après
un forage de 170^m, on a été contraint de suspendre les opérations.

D'autres ruines appelées par les Arabes *Euchir Isalel*
(ruines du renard), existent non loin au Nord, mais présentent bien moins d'intérêt. Ce n'est plus qu'un amas de
pierres plus ou moins ravagées et déformées par l'action
des pluies, au milieu duquel on distingue parfois une
colonne tantôt lisse et polie, tantôt portant des cannelures
longitudinales plus ou moins larges et régulières, ou bien
transversales et légèrement ondulées.

Nos recherches, au milieu de tant de décombres, sont
restées infructueuses. Nous n'avons pu découvrir aucune
inscription, aucune particularité intéressante. Deux inscriptions tumulaires existent pourtant encore, presque totalement enfouies sous les énormes pierres, du côté est,
de ce qui à *Tobna* était très-certainement la citadelle ou
le camp. Nous les reproduisons dans toute leur exactitude,
malgré leur peu d'importance. (Voir l'*inscription* II à la
fin de l'ouvrage.)

De toute la végétation luxuriante dont parlent les anciens auteurs, il ne reste aucune trace; et la plaine, pres-

____

[1] L. Piesse, *loc. cit.*, pag. 426.

que entièrement inculte, présente aujourd'hui un aspect désolant. Çà et là encore quelques plantes de chétive apparence, vivant avec peine au milieu des sables brûlés par le soleil, et respectées par les nombreux troupeaux qui errent dans ces solitudes.

SITUATION. — EXPOSITION. — La plaine de *Barika* est limitée au Nord par une série de montagnes formées par le *djébel Bou-Chtett*, le *djébel Afyham*, le *djébel Bou-Taleb*, pic rocheux très-élevé, le *djébel Soubella* et le *djébel Guendil*. Au N.-E., par quelques mamelons sans nom et sans importance qui la séparent de la plaine de *N'Gaous* ou *M'Gaous* ; plus loin par les montagnes du *Belesma*. A l'Est, par le *Coudiat Asfor* et les montagnes des *Ouled-Sultan*. Au S.-E. et au Sud, par une série de petits mamelons qui prolongent à l'Ouest le *Coudiat Asfor*, divisant cette portion du bassin du *Hodna* en deux plaines ou bassins secondaires : celui de l'*ouëd Barika* et celui de l'*ouëd Boumazouze* ou *ouëd Bitam*. Plus loin au Sud, le *djébel Metlili*, *Metka-el-Hadjar*, le *djébel Amor*, la limitent complètement, et séparent les tribus des *Sahris*, qui font partie du cercle de *Biskra*, du caïdat du *Hodna*, apppartenant au cercle de *Batna*. Ouverte à l'Ouest, la plaine de *Barika* s'étend jusqu'aux lacs salés, *Salinæ Tubones*, aujourd'hui *Chott-el-Saïda*, où se déversent les eaux qui ont servi à l'arroser.

Quoique plus au sud que *Batna*, malgré le régime des eaux, qui ici coulent vers le sud, *Barika* fait cependant encore partie de la région que M. Ch. Martins appelle sousrégion des hauts plateaux, « Dans la province de Constantine, dit cet éminent professeur, elle se continue avec la région montagneuse de la Kabylie et le massif des *Ouled-Sultan*. De vastes surfaces dénudées, semées de *chotts* ou lacs salés, dépourvues de végétation arborescente, parcourues en été par d'immenses troupeaux dont la dent ronge les plantes jusqu'à la racine, des montagnes pelées s'élevant brusquement de ces surfaces horizontales, tel est l'aspect général. Les cultures variées de la région méditerranéenne ont disparu, l'orge est la seule céréale qui mûrisse sûrement ses grains [1]. »

Les limites naturelles peuvent nous expliquer déjà quels doivent être les vents prédominants : ce sont les vents de l'ouest et du sud, quelquefois les vents du nord-est ; mais, malgré leur violence, ils ne soufflent jamais avec assez d'impétuosité pour contrarier la culture et les plantations sans abris au milieu d'une aussi vaste étendue de terrain.

Barika est situé à 600^m environ au-dessus de la mer, par 55°30′ de latitude nord, et 5°10′ de longitude est ; l'hiver n'y est point rigoureux, mais les chaleurs sont d'autant plus accablantes que le vent du sud est impétueux.

Au milieu de la plaine, à 500^m, sur la rive droite de l'*ouëd Barika*, le Gouvernement a fait construire, en 1849, après la prise de *Zaatcha*, une maison de commandement. Le *bordj* est très-vaste, il a 75^m de long sur 50 de large. Il est flanqué de quatre tourelles crénelées avec étage, pouvant servir de magasins ou de logement. Il contient de plus une maison à cinq pièces, avec

[1] Ch. Martins ; *Revue des Deux-Mondes*, 15 juillet 1864.

différents accessoires, dont une partie est affectée au logement du caïd, et l'autre pour le Bureau arabe. On peut
y déposer les approvisionnements d'une forte colonne et lo-
ger dans les écuries une cinquantaine de chevaux.

Nous ne pouvons nous empêcher, en parlant de la situation de *Barika*, de mentionner au N.-E. la belle vallée
de *M'gaous* [1], dont la fertilité fait l'admiration de tous les
voyageurs. C'est que nous pensons que la plaine de *Barika*
peut devenir tout aussi belle. *Tobna*, la ville élégante, avec
ses frais jardins d'orangers, ne rivalisait-elle pas avec
« *Nickouse*, dont Léon l'Africain fait un portrait enchan-
teur [2] ? » Il est vrai que, outre l'*ouëd Barika*, *M'gaous* possède de belles fontaines et des sources abondantes [3]; mais
Tobna n'avait-elle pas autrefois ses aqueducs, ses conduits
et ses vastes réservoirs? Pour nous, ce n'est qu'une question
de temps et de travail. *Tobna* peut renaître aussi belle.

Des inscriptions, des colonnes, des morceaux d'architecture, et les ruines romaines qui servent d'assises à l'habitation du caïd, témoignent de l'importance de *Nickouse*,
aujourd'hui remplacée par des constructions en grosses
briques cuites au soleil, qui résistent peu de temps à l'action des pluies.

« Une tradition qu'on ne s'attendait certainement pas à

---

[1] Désigné, à l'époque de l'occupation romaine, sous la dénomination
de *Ad oculum marini*, plus tard appelé *Nickouse*, et aujourd'hui nommé
par les Arabes *M'gaous* ou *N'gaous*.

[2] Dureau de la Malle, *loc. cit.*, pag. 228.

[3] Sept à huit sources coulent dans les environs du village, servent
pour l'irrigation des jardins et se jettent dans l'ouëd Barika. Une
fontaine publique à deux griffons existe au milieu du village, construit
en 1855 par les soins du génie militaire.

trouver en ce lieu, est celle qui place à *Nickouse* le tombeau des sept Dormants. On connaît l'aventure fabuleuse de ces saints martyrs d'Éphèse, qui, persécutés sous l'empereur Décius, s'endormirent dans une caverne où on les avait enfermés, et ne s'éveillèrent qu'au bout de 155 ans, sous le règne de Théodose le Jeune. Les habitants de *Nickouse* soutiennent que cet événement s'est passé dans leur ville, que les sept frères étaient bons musulmans, et ils se glorifient de posséder leurs tombeaux [1]. »

Une mosquée élégante, parfaitement construite, avec sa petite coupole peinte en blanc, renferme les sept tombeaux. Les Arabes l'appellent *Djama-Seba-el-Rekoud* (mosquée des sept Dormants), et y vont, à certaines époques de l'année, faire leurs ablutions et dire leurs prières.

Au point de vue militaire, la position de *Barika* est des plus importantes ; un établissement en ce lieu, même peu considérable, lui permettra de jouer un rôle identique à celui de *Batna*.

En effet, à partir de *Biskra* ou plutôt d'*El-Outaia*, deux routes seules s'ouvrent aux caravanes et permettent les communications du *Sahara* avec le *Tell*.

La première de ces routes, qui suit la grande dépression de l'*Aurès* et longe la rivière connue sous les noms divers de *ouëd Biskra*, *ouëd Outaia*, *ouëd el-Kantara* et *ouëd Ksour*, n'est suivie que par la partie des nomades qui se rendent aux environs de Constantine ; elle est parfaitement couverte par *Batna*.

La deuxième route, qui appuie vers le N.-O., passe le

---

[1] Dureau de la Malle, *loc. cit.*, pag. 229.

Dfila, en laissant sur la droite le massif des *Ouled-Sultan*, et arrive à l'extrémité est du *Hodna*; elle est fréquentée principalement par les nomades qui se rendent dans les plaines de la *Medjanah* et des *Abdel-Nour*. Ce serait cette route que commanderait la colonie militaire.

Barika est, de plus, à cheval sur la route perpendiculaire de *Batna* à *Bouasaâda*. Cette route est appelée en temps d'insurrection à servir utilement. C'est la ligne d'opérations naturelle dans le *Hodna;* mais à mesure que l'on s'éloigne, soit de *Batna*, soit de *Biskra*, il importe que cette voie soit toujours ouverte pour les ravitaillements, les courriers, l'évacuation des blessés. La sûreté d'une ligne stratégique aussi importante ne peut être certaine qu'avec la création d'un poste à *Barika*. Ce poste, relié à *Batna* par la *smala d'Aïn-Touta*, pourra assurer toutes les communications.

Barika commande, en effet, les deux vallées qui de l'Ouest conduisent à *Batna* par *M'gaous* ou par *Segana;* le Sud est ouvert devant lui, et sa surveillance s'étend sans obstacle du côté de l'Ouest.

L'établissement de la ville romaine de *Tobna*, son enceinte fortifiée, n'avaient d'autre objet que celui que nous indiquons, et le rôle du *bordj* de *Barika*, qui dans les circonstances actuelles a reçu une garnison, est une preuve à l'appui de l'importance militaire de ce point.

En résumé, *Barika* doit servir à commander une des deux routes ouvertes aux nomades, ensuite à protéger notre ligne d'opérations la plus directe en cas de troubles dans le *Hodna*. Un poste en ce point assure la tranquillité du pays, qui ne doit qu'à sa position de plaine de n'avoir pas ré-

sisté à nos armes comme la Kabylie, car sa population est
éminemment guerrière et nous est foncièrement hostile[1].
Le contact qui résultera forcément de notre présence ne
pourra qu'accélérer le développement des germes de civi-
lisation que nous cherchons à semer partout.

Du sol. — Le terrain de la plaine, dans toute son étendue,
n'offre que des ondulations insignifiantes, et l'*ouëd Barika*,
seul cours d'eau de la localité, est aussi le seul obstacle
que l'on rencontre en la parcourant du Nord au Sud. La
nature du sol varie beaucoup, présentant ainsi presque
toutes les variétés de terres cultivables, c'est-à-dire suscep-
tibles de produire une végétation. Argilo-calcaire et parfois complètement calcaire au milieu de la plaine, argileux
et plus humide sur les bords de la rivière, il est généralement sablonneux vers le Sud. Au nord et à l'est de la
maison de commandement, le sol est presque complètement calcaire et tufeux, recouvert d'une infinité de cailloux roulés généralement calcaires ou quartzeux. Au sud-
est et au sud-ouest il est bien meilleur, bien plus propre
à la culture, généralement sablo-argileux. A l'ouest, complètement sablonneux, il devient argilo-calcaire au nord et
au nord-est.

Toute la plaine n'est qu'un terrain d'alluvion ou de
transport, terrain résultant des dépôts successifs entraînés
des montagnes voisines et laissés par les eaux. Ces terres
meubles se laissent facilement pénétrer par l'eau, dont elles

---

[1] La révolte des Ouled Modhis et l'insurrection récente du Sud jus-
tifient cette manière de voir.

sont plus ou moins avides et qu'elles gardent plus ou moins longtemps, suivant la quantité d'argile qui entre dans leur composition. C'est au sud et à l'ouest du *bordj*, sur les bords de la rivière, entre celle-ci et l'*ouëd Boumazouze*, près des ruines de l'ancienne *Tubna*, que se trouvent les meilleures terres arables. Les couches de terre végétale y sont cependant peu profondes, mais faciles à labourer. C'est là surtout où les Arabes choisissent leurs terrains pour la culture de l'orge et du blé.

Leurs jardins, généralement placés à l'ouest du *bordj*, sur la rive droite de la rivière, sont assez beaux. Quoique nous ayons dit plus haut que les cultures variées de la région méditerranéenne ont disparu, nous sommes loin de croire qu'à *Barika* l'orge soit la seule céréale qui puisse mûrir sûrement ses grains. Il existe une pépinière à *Barika*. Tous les essais qui y ont été faits ont réussi. Les céréales, le coton, les textiles, le maïs, le bechna, le sorgho, le millet, le tabac et les cultures potagères, ainsi que la plupart des arbres fruitiers, tout a prospéré d'une manière surprenante entre les mains du militaire jardinier de ce vaste établissement. Le succès est assuré dans ce terrain, à condition d'y entretenir l'humidité par une irrigation bien entendue. Les fourrages artificiels réussissent très-bien ; la vigne de la pépinière est dans un très-bel état, et les peupliers et les saules plantés sur les bords des canaux d'irrigation sont très-vigoureux.

La culture du coton donnerait de beaux résultats. Un premier essai a été fait en 1854 par M. Arnaud Benoît : le coton a été primé à Paris en 1855. Un deuxième essai a été fait (par ordre de M. le général Desvaux, commandant la division de Constantine) par M. Jamin, pépiniériste de *Biskra*; les résultats ont été très-satisfaisants. D'ailleurs cette culture florissait jadis dans cette partie de l'Afrique, où les mauves arborescentes s'élevaient, dans sept mois, à la hauteur et à la dimension d'un arbre, comme l'attestent Pline, Edrisi, Bikri Hu-Hancal et la plupart des auteurs anciens.

Le sol de la plaine de *Barika*, disons-nous, est généralement d'une très-grande fertilité. Il est curieux de voir l'orge et le blé atteindre tant de hauteur et donner de si beaux épis. Mais une condition indispensable, c'est l'eau; c'est ce qui fait la beauté de la végétation dans la plaine de *M'gaous*. Les vergers sont remplis d'arbres fruitiers de toute sorte, et la campagne, outre les cultures les plus variées, ne laisse pas de fournir une grande quantité de grains. Le millet, le sorgho, le bechna, le maïs, etc.,... sont très-abondants. Dans les jardins, les légumes de toute espèce, les fruits les plus variés, atteignent les plus grandes proportions. Tout y est abondant, tout y est prospère, en dépit de l'abandon, malgré l'indifférence et le peu de soin qu'en prennent la plupart des propriétaires.

Nulle part, autour de l'établissement ou dans la plaine, enfoncement de terrain, éminences ou monticules, causes de la stagnation des eaux pluviales et pouvant donner naissance à des marais toujours sources de maladies. Certaines parties, toujours avides d'eau, mais ayant la propriété de la laisser vite s'échapper, présentent à la suite des chaleurs de l'été des crevasses plus ou moins profondes, des fissures plus ou moins étendues, qui souvent ici sont regardées comme une des causes des affections intermittentes. Néanmoins, à *Barika* les détritus végétaux sont assez rares, et leur décomposition ne fait point sentir ses effets toujours funestes. Les fièvres intermittentes s'observent bien peu, et sont plus rares que dans les environs de *M'gaous ;* elles sévissent bien plus cruellement dans cette malheureuse plaine du *Ksour*, que l'on traverse pour se rendre à *Barika*, où chaque année la smala du 5me escadron du 5me régiment des spahis, au *bordj d'Aïn-Touta*, est décimée pour ainsi dire par ce fléau épidémique. Cependant des travaux considérables viennent d'être exécutés pour l'assainissement du pays.

Les montagnes environnantes sont généralement composées de roches calcaires. Ce sont les terrains secondaires, présentant des couches de récente formation entre les diverses montagnes, qui forment les chaînes non interrompues qui limitent la plaine au Nord et au Sud. La végétation y est sur la plupart active et variée. Le *djébel Bou-Taleb* au Nord, malgré les pics rocheux qui le terminent, les montagnes de *Ouled-Sultan* à l'Est et le *Metlili* presqu'au Sud, avec sa configuration originale, nous présentent tous les bois nécessaires pour les constructions. C'est la même variété et à peu de chose près les mêmes espèces que celles que nous avons observées dans le massif de l'*Aurès*. A 10 kilomètres au sud-ouest du *bordj*, sur les bords de la rivière, se trouve une très-grande étendue de terrain recouverte par de nombreux tamaris (*Tamarix gallica*) généralement de petite taille, pouvant servir à peine comme bois de chauffage. C'est là ce que l'on appelle *la forêt de la plaine de Barika.*

Pierres a batir. — « Après avoir passé la *Boumazouzé*,

dit Shaw, vis-à-vis de *Tubna*, l'on arrive à une montagne d'où l'on tire d'excellentes pierres de taille et où l'on voit beaucoup de gros quartiers de pierres taillés, en bloc et prêts à être mis en œuvre. On appelle cette montagne *Muckal-el-Hadjar*, ou la Carrière. Les Arabes ont une tradition qui porte que les pierres dont on est servi pour bâtir *Sétif*, et vraisemblablement aussi *Nickouse Jighbah* (aujourd'hui *Guighba*) et autres villes du voisinage, ont été tirées de cet endroit [1]. »

Ces carrières, d'une très-grande beauté, sont en effet situées à 38 kilomètres sud de la maison de commandement. Les Arabes appellent aujourd'hui la montagne *Mokta-el-Hodjou* (endroit où l'on casse les pierres). On pourrait, sans aller aussi loin, se servir pour les constructions des pierres qui encombrent l'ancien emplacement de la ville romaine de *Tubna*.

Pierre a chaux. — On rencontre la pierre à chaux sur les derniers mamelons sud et ouest des montagnes des *Ouled-Sultan*.

Platre. — Le plâtre se rencontre en remontant l'*ouëd Barika*, à 24 kilomètres à l'Est ou plutôt au Nord-Est, près la route qui conduit à *M'gaous*.

Pierre a brique et a tuile. — La terre à brique et à tuile se trouve sur place, sur le côté sud du *bordj*, près la rivière. On trouvera encore dans le lit de l'*ouëd Barika* un sable très-fin qui pourra également être employé pour les constructions.

[1] Shaw, cité par Dureau de la Malle, pag. 83.

5

Bois de chauffage et de construction. — Les bois de chauffage et de construction se trouvent assez éloignés de l'endroit qui nous paraît le plus favorable pour l'installation de la colonie, c'est-à-dire des ruines de *Tobna*. Ce n'est en effet qu'à 25 ou 30 kilomètres au Nord-Est, dans les montagnes des *Ouled-Sultan*, que se rencontrent les bois de construction, ou bien encore à 35 kilomètres au Sud dans le *Metlili*. Il est également en abondance dans la série de montagnes du *Bou-Taleb*, à 58 kilomètres nord du *bordj*. Les communications seraient néanmoins très-faciles une partie de l'année, dans cette plaine où il n'y a pas encore de route. Le bois de chauffage est un peu plus près; il se trouve sur les derniers coteaux sud des *Ouled-Sultan* et à l'ouest sur les bords de l'*ouëd Barika*, dans ce que nous avons appelé plus haut la Forêt de la plaine.

Nous ne devons point passer sous silence les belles forêts de cèdres du *Belesma*, et nous ne pouvons certes mieux faire à ce sujet que de reproduire le tableau aussi original que vrai, dû à la plume d'un de nos anciens professeurs, le savant botaniste de Montpellier :

«Les plus belles ornent les crêtes et descendent dans les gorges du *Chellalah*, près de *Batna;* on en voit également dans le *Djurjura* et autour de *Teniet-el-had* au sud de *Milianah*. Quel contraste entre ces magnifiques forêts et les plateaux stériles qui y conduisent! Jeunes, les cèdres de l'Atlas ont une forme pyramidale ; mais quand ils s'élèvent au-dessus de leurs voisins, ou des rochers qui les protégent, un coup de vent, un coup de foudre, un insecte qui perce la pousse terminale, les privent de leur flèche : l'arbre est découronné ; alors les branches s'étalent horizontalement et forment des plans de verdure superposés les uns aux autres, dérobant le ciel aux yeux du voyageur qui s'avance dans l'obscurité, sous ces voûtes impénétrables aux rayons du soleil. Du haut d'un sommet élevé de la montagne, le spectacle est encore plus grandiose. Ces plans horizontaux ressemblent alors à des pelouses du vert le plus sombre ou d'une couleur glauque comme celle de l'eau, de nombreux cônes violacés se dressent à leur surface ; l'œil plonge dans un abîme de verdure, au fond duquel gronde un torrent invisible. Souvent un groupe isolé attire les regards ; on s'approche, et au lieu de plusieurs arbres, on se trouve en face d'un seul tronc coupé jadis par les Romains ou les premiers conquérants arabes : l'arbre a repoussé du pied, des branches énormes sont sorties de la vieille souche ; chacune de ces branches est elle-même un arbre de haute futaie, et les vastes éventails de verdure étalés autour du tronc mutilé ombragent au loin la terre. Quelques-uns de ces cèdres sont morts debout, leur écorce est tombée, et, squelettes végétaux, ils étendent de tous côtés leurs bras blancs et décharnés.

» Les cèdres d'Afrique attendent encore leur peintre, Marilhat seul nous a fait admirer ceux du Liban ; mais ses successeurs, campés à Barbison, s'acharnent après l'écorce de deux ou trois chênes de la forêt de Fontainebleau, toujours les mêmes, que l'amateur salue comme de vieilles connaissances à chacune de nos expositions. Des artistes éminents dépensent une somme considérable de talent à reproduire les mêmes formes, tandis que des cèdres séculaires vivent et meurent ignorés dans les gorges de l'Atlas, où leur beauté n'est admirée que par les rares voyageurs qui s'aventurent dans ces montagnes[1]. »

Régime des eaux. — La plaine de *Barika*, avons-nous dit, n'est interrompue dans toute sa longueur que par la rivière l'*ouëd Barika*, qui la traverse de l'Est à l'Ouest[2]. Au sud du *bordj* coule parallèlement l'*ouëd Boumazouze*, qui devient plus loin l'*ouëd Bitam*. Quelques mamelons sans nom et sans importance s'élèvent çà et là, contournés par les rares torrents qui se forment à l'époque des pluies. Ces ravins, peu larges et surtout peu profonds, à sec la plus grande partie de l'année, sont les seuls affluents de la rivière.

Toutes les eaux coulent du Nord au Sud, ou plus exactement du Nord-Est au Sud-Ouest, vers les *chotts* situés 30 kilomètres plus loin. Le *djébel Bou-Chtet*, le *djébel Afgham*, le *djébel Bou-Taleb*, le *djébel Guendil* au Nord, les montagnes du *Belesma* à l'Est, forment ici le partage des eaux, qui coulent au Nord vers la Méditerranée, au Sud vers l'immense désert, « vers une autre mer qui n'existe plus, celle qui couvrait jadis le désert du *Sahara*[3]. »

L'*ouëd Barika* prend sa source au lieu dit *Ras-el-Ayom* (tête de sources), sur le versant sud-ouest des montagnes du *Belesma*, descend dans la plaine de *M'gaous*, si fertile et si riche, traverse la plaine de *Barika*, et va alimenter le *chott el-Saïda*. Ses eaux, toujours abondantes, fraîches et limpides à la source, se chargent peu à peu

---

[1] Ch. Martins, *loc. cit.*

[2] L'Ouëd Barika, d'abord Ouëd el Kébir, plus loin Ouëd Met Kaouat.

[3] Ch. Martins, *loc. cit.*

des principes terreux ou salins que contiennent les différents terrains qu'elles traversent. Le lit de la rivière, très-
large dans tout son parcours à travers la plaine, ne présente
sur ses bords ni mare ni flaque d'eau croupissante. Le
cours des eaux, assez rapide, ne permet point ces foyers
d'infection. La végétation peu active sur les bords de la
rivière, où croissent seulement quelques lauriers-roses [1],
près de *M'gaous*, et quelques tamaris [2] dans la plaine,
explique le peu de détritus végétaux qu'on y trouve. Le
fond, parfois calcaire, sablonneux ou argilo-sablonneux,
n'est presque jamais vaseux, malgré la couleur jaunâtre
souvent très-prononcée des eaux. Dans la plus grande partie de son cours, la rivière coule sur des galets qu'elle
laisse en quantité sur ses bords.

Les eaux, avons-nous dit, sont très-abondantes, et malgré le long parcours de la rivière, malgré les nombreux
canaux d'irrigation qui sillonnent la plaine de *M'gaous*,
elles suffisent en toute saison pour faire marcher le moulin
à turbine qui se trouve construit sur la rive droite, à
500 mètres à l'est de la maison de commandement. Ce sont
ces eaux qui, après avoir servi au moulin, viennent arroser
les plantations de la pépinière et les quelques jardins des
indigènes. Ce sont également ces eaux qui alimentent le
puits du *bordj*, et qui servent de boissons aux habitants,
tout aussi bien qu'aux nombreux troupeaux qui paissent
dans les prairies artificielles qu'elles produisent.

Quelques sources, nous a-t-on dit, apparaissent parfois

---

[1] *Nerium Oleander*, genre de la famille des *Apocynées*.
[2] *Tamarix gallica*, de la famille des ou *Tamarascinées*.

dans le lit de la rivière, à l'époque où les eaux sont très-basses. Elles ont toutes peu de volume, et les eaux qu'elles fournissent sont plus fraîches et plus limpides que celles de l'*ouëd Barika*. Dans la plaine, on ne trouve aucune source: néanmoins il est fort probable, d'après la forme du bassin, qu'on rencontrerait à quelques mètres du sol, sinon une eau jaillissante, du moins une couche aqueuse qui permettrait de creuser des puits. Nous croyons, en effet, que «l'eau n'est pas aussi rare en Algérie qu'on le suppose; mais elle se perd facilement ou se cache sous le sol [1] ».

L'*ouëd Barika* est sans doute la seule et unique rivière de la localité; mais certains auteurs désignent encore l'*ouëd Bitam*.

« La rivière de *Tobna* s'appelle le *Beitham*; chaque fois qu'elle déborde, elle arrose tous les jardins et les champs de la banlieue, et procure aux habitants d'abondantes récoltes; aussi disent-ils que le *Beitham* est un magasin de vivres : *Beit-el-Tham* [2]. » Cette rivière, située au sud des ruines de *Tobna*, en est séparée par une série de mamelons (*Coudiat Asfor*) qui emprisonnent son lit sur sa rive droite, limitant la plaine de *Barika* aussi bien que celle de *Tobna*, et, comme nous le disons plus haut, partageant cette partie du *Hodna* en deux bassins bien distincts : celui de l'*ouëd Barika*, dont les eaux se rendent dans le grand *chott*, et celui de l'*ouëd Bitam*, dont les eaux alimentent un *chott* bien plus petit et le plus souvent à sec , à cause

[1] D. Fisquet; *Histoire de l'Algérie*, pag. 49.
[2] L. Piesse, *loc. cit.*, pag. 427.

de l'insuffisance des eaux de l'*ouëd Boumazouze* qui se
perdent dans le sable. Le plus souvent l'*ouëd Bitam* n'existe
pas. D'ailleurs on ne trouve aucune trace de construction romaine sur cette rivière; tandis qu'on voit sur l'*ouëd Barika*
les vestiges de plusieurs barrages qui servaient très-probablement à alimenter la ville et à arroser la plaine sur les deux
rives. Sur la rive gauche, l'ancien barrage existe 50ᵐ plus
bas que le barrage actuel, qui conduit les eaux au moulin,
au pied du *Coudiat-el-Siatotah*. Quelques pierres de taille
et un canal étroit et sans profondeur en sont aujourd'hui
les seuls restes. 150ᵐ plus haut que le barrage actuel, sur
la rive droite de la rivière, existe un canal large et profond (2ᵐ de large sur 1ᵐ,50 de profondeur), taillé dans
le roc, qui commence au pied du *Coudiat-el-Kefba*, que
l'*ouëd Barika* contourne en le laissant sur sa rive droite, et
qui se continue 8 à 10ᵐ plus loin, suivant la rivière. Là se
trouvait peut-être le barrage principal qui conduisait les
eaux dans la plaine de *Barika*. On y voit des pierres énormes et de gros carrés de maçonnerie qui, encombrant
encore aujourd'hui le lit de la rivière, attestent leur ancien
usage. Mais le barrage le plus important, c'est-à-dire
celui qui conduisait les eaux à *Tobna*, existait à 200ᵐ en
amont du moulin sur la rive gauche de l'*ouëd Barika*.
On n'en trouve aujourd'hui que fort peu de traces, les pierres
ayant servi à la construction du *bordj*. D'après le dire des
indigènes, les vestiges de la prise d'eau de *Tobna*, avant la
construction du *bordj*, étaient beaucoup plus nombreux
qu'ils ne le sont aujourd'hui, et ils font voir encore aux visi-
teurs le lieu d'où l'on a retiré les énormes pierres de taille
qui bordaient la rive gauche de la rivière.

A 18 kilomètres à l'ouest du *bordj* de *Barika* se trouve la fontaine du coton (*Aïn-Metkaouat*) où M. Jus, ingénieur civil, a foré un puits artésien en 1859. L'eau de ce puits, très-abondante, est limpide et agréable au goût, malgré son peu de fraîcheur ; sa température varie peu (+ 24 ou 25° centigrades). Un essai de coton a été fait en ce lieu par le gardien de la fontaine, et a parfaitement réussi. Généralement les plantes ont de 2 à 3^m de hauteur, les capsules sont grosses et surtout très-nombreuses.

Un second puits artésien existe plus au Sud , entre *Metkaouat* et *M'doukal*, également creusé sous la direction de M. Jus.

Je dois à l'obligeance de M. Faucon, ancien secrétaire de M. le colonel Pein, et qui a plusieurs fois parcouru cette partie du *Hodna*, les quelques renseignements suivants :

On ne peut guère espérer trouver l'eau aux alentours de *Barika* qu'à 10 ou 12^m de profondeur. Lorsque M. Jus a creusé le puits artésien situé au sud des ruines de *Tobna*, il a rencontré la nappe ascendante à 9^m, et à 170^m environ il n'avait aucune nappe artésienne. De *Barika* à *Tobna*, la plaine a une inclinaison qui s'étend plus loin et va finir à *M'doukal*, où l'on trouve l'eau à 1 ou 1^m,50 au-dessous du sol.

Sur la route de *Barika* à *M'doukal* se trouvent deux puits : le premier appelé *el-Haouassi*, où l'eau se trouve à 4^m, et le second appelé *Nemeh-ed-Dib*, où elle se trouve à 3^m. L'eau sort d'une couche de graviers et de cailloux roulés ; elle est excellente à boire. Un peu plus loin vers *M'doukal* on rencontre un puits romain *Bir-Terhat*, sur un petit mamelon. A côté, quelques petites dunes sont couvertes de roseaux et font présumer que l'eau n'est pas à une grande profondeur. Là, en hiver, se trouve un petit lac de 10 à 15ᵐ de côté.

L'*ouëd Bitam*, située au-dessus des points que je viens de désigner, est presque toujours à sec et n'a, pour ainsi dire, pas de lit. Plusieurs canaux la continuent, tous peu larges et peu profonds, et à l'époque des crues, ce qui est fort rare, la déversent dans les terres.

On avait supposé que les Romains avaient établi des barrages dans les parties hautes des montagnes qui avoi-sinent le *Hodna*. M. Faucon, chargé de faire des recherches, n'a rien trouvé, et nous croyons, comme lui, qu'il faut abandonner cette supposition; car il n'est pas possible, si ces ouvrages avaient été construits, qu'il ne restât aucune trace de travaux qui auraient nécessité des constructions très-vastes et très-solides.

Sur les rives de l'*ouëd Barika* on trouve plusieurs con-structions faites en ciment, mais fort détériorées. Quand on demande aux indigènes sous quelle dénomination ils les désignent, il est bien rare qu'ils ne donnent pas le nom de *Taïd*, ce qui veut dire endroit où l'eau arrivait comme dans un fossé. Du reste, en présence des nombreuses ruines se-mées autour de l'ancienne *Tobna*, il faut supposer que, pour irriguer toute cette vaste étendue de terrain, il y avait des réservoirs, c'est-à-dire certains endroits où l'eau se réu-nissait. De là, comme aux citernes de *Tobna*, on la distri-buait, soit dans les jardins, soit dans la plaine. C'est la seule pensée que l'on puisse avoir en parcourant ce pays inculte et dénudé, aujourd'hui parsemé de constructions plus ou moins étendues et parcouru dans tous les sens par des canaux peu larges et surtout peu profonds, dont quelques-uns sont encore utilisés par les indigènes pour l'irrigation des terrains.

CLIMATOLOGIE. — Pendant le peu de temps qu'il nous a été donné de passer à *Barika*, nous n'avons pu faire d'observations suivies sur la climatologie de la localité. Dans les premiers jours du mois de septembre la température a peu varié. Les chaleurs étaient supportables, quoique assez fortes. La moyenne de la température a été : trois heures du soir, 38° centigrades ; neuf heures du matin, 30° centigrades ; sept heures du matin, 24° centigrades. Sous la tente, où étaient campées deux compagnies du 66° régiment d'infanterie, les chaleurs étaient parfois étouffantes. Cependant le camp était bien disposé ; les tentes, grandes tentes de l'administration du campement, étaient vastes et pouvaient très-facilement permettre la circulation de l'air, soit par le bas, soit par le côté. Le thermomètre, placé dans l'une d'elles, n'a jamais dépassé + 40° centigrades.

Malgré ces chaleurs du jour, les nuits étaient généralement très-fraîches. Le maximum de fraîcheur se faisait sentir entre trois ou quatre heures du matin. Durant notre séjour, le temps s'est maintenu au beau presque constamment. Les vents du sud et de l'ouest prédominaient. Le jour de notre départ de *Barika* (13 septembre), un orage assez violent est venu fondre sur la plaine ; mais poussé par les vents du nord et nord-ouest, il est allé se terminer sur les montagnes des *Ouled-Sultan* et les derniers prolongements de l'Atlas. La pluie a duré plusieurs heures et est tombée en abondance. L'*ouëd Barika* a peu augmenté de volume ;

mais c'est surtout l'*ouëd Boumazouze* qui a reçu la plus grande quantité des eaux. Un instant les communications ont été interrrompues ; mais comme les eaux diminuent vite, le cavalier chargé du courrier de la colonne du Sud n'a eu qu'un retard insignifiant au *bordj* de *Seggana*. Les vents du nord ont continué à souffler toute la nuit. Le lendemain le temps était revenu au beau ; la matinée a été très-fraîche.

On nous écrit de *Barika,* à la date du 20 octobre : « Le mois d'octobre est exceptionnel. Les vents du nord et nord-ouest soufflent d'une manière presque permanente ; le ciel reste plus ou moins couvert ; les pluies sont cependant rares et toujours peu abondantes, la température a sensiblement baissé depuis votre départ, les nuits sont froides. »

Température moyenne :

    A 6 heures du matin.......... $+ 14°$ centigrades.
    A 9 heures   —   .... $+ 22°$ —
    A 3 heures du soir........... $+ 31°$ —

A *Batna,* à la même époque, la moyenne de la température prise à neuf heures du matin a été de $+ 18°,3$ cent.

Voici quelques renseignements sur la climatologie de la localité, tels qu'ils nous ont été fournis par le caïd de *Barika,* Si-Ismaël, officier de l'ordre de la Légion d'honneur, homme aussi intelligent et instruit que brave et courageux.

Les froids commencent à *Barika* au mois de janvier, et durent environ trois mois.

Il y règne une forte gelée, mais la neige ne tombe jamais. Les pluies commencent au mois d'octobre et finissent au mois de mars ; elles sont très-abondantes certaines années ; d'autres fois, au contraire, elles sont peu fréquentes.

Les orages sont rares, surtout accompagnés de tonnerres ; la grêle est à peu près inconnue, et seule occasionne quelques ravages.

Lorsque l'*ouëd Barika* déborde, ce qui est assez rare, ses eaux inondent les terres voisines, à la grande satisfaction de ceux qui les possèdent. Ces inondations envahissent quelquefois les terrains de *Metkaouat,* mais sans jamais occasionner de ravages. Lorsqu'un débordement a eu lieu à l'époque de la moisson, les terrains de *Metkaouat* seuls sont parfois maltraités, étant situés dans la partie basse de l'*ouëd.*

On récolte l'orge au mois d'avril, avant que la grêle ne tombe, et le blé au mois de mai.

Les chaleurs commencent au mois de mai et le vent du *Chihli* (vent du sud) souffle avec violence, entraînant avec lui des sables fins qui aveuglent.

Les grandes chaleurs se font surtout sentir pendant les mois de juin, juillet et août.

L'*ouëd Barika* n'est presque jamais à sec pendant l'été; il faut pour cela qu'il ne soit pas point tombé de neige sur les montagnes et qu'il y ait eu peu de pluie.

L'*ouëd Barika* est une rivière bien plus considérable que l'*oued Bitam.* Cette dernière n'arrive pas jusqu'à *Tobna.*

INFLUENCES DE PROXIMITÉ. — Nous avons peu de chose à dire sur les influences de proximité. Il est peu probable, en effet, que les montagnes dont la vaste plaine de *Barika* est entourée, ou les *chotts* qui se trouvent à l'extrémité ouest, puissent influer sur la climatologie de cette localité et la modifier. D'un autre côté, nous n'avons vu, dans cette vaste étendue de terrain, aucune particularité qui pût nous faire soupçonner l'existence d'une cause morbide quelconque. Cependant une des causes des fréquentes ophthalmies (légères pour la plupart) qui se développent pendant la saison des chaleurs, nous paraît résider non-seulement dans la couleur blanchâtre du sol, qui réfléchit fortement les rayons solaires, mais encore dans sa nature. Au sud-ouest de la plaine, en effet, le terrain est très-sablonneux : le sable, fin et ténu, est souvent soulevé par les vents du sud, qui le transportent au loin. Ainsi se produisent, par irritation, la plupart de ces conjonctivites de cause externe, que les soins de propreté et quelques précautions hygiéniques peuvent souvent faire éviter.

Qualité et quantité des eaux.

On ne rencontre aucune source, avons-nous dit, dans toute l'étendue de la plaine, et l'*ouëd Barika* est le seul cours d'eau de la localité. Ce sont ces eaux qui servent de boissons aux habitants, et qui arrosent les jardins et les prairies. Le *bordj* du commandement est également alimenté par les eaux de la rivière.

Le cours de l'*ouëd Barika* est assez rapide ; les eaux, d'après le rapport des indigènes, ne sont pas toutes les années aussi abondantes qu'aujourd'hui (premiers jours de septembre). Cependant, le plus généralement, le volume d'eau est à peu de chose près le même chaque année aux di-

verses saisons. Quelquefois, et cela dépend très-probablement de la quantité d'eau tombée dans les montagnes du
Belesma, où la rivière prend sa source, au moment des
fortes chaleurs le lit de la rivière est presque à sec, mais
jamais suffisamment pour arrêter le moulin et empêcher
la mouture des grains. Cette disette pour *Barika* peut te-
nir, soit au peu d'abondance des sources de la rivière, soit
aux diverses prises d'eau que les habitants de la plaine de
M'gaous sont obligés de faire pour l'irrigation de leurs
vastes prairies ou de leurs jardins. Il n'est, en effet, aucune
localité, dans la province de Constantine, où les Arabes
possèdent de si beaux jardins et où la culture soit si bien
comprise des indigènes.

L'*ouëd Barika* traversant des terrains meubles qui se
laissent facilement ramollir et désagréger, il en résulte que
presque constamment ses eaux ont une coloration manifeste, due aux principes terreux ou argileux qu'elles tien-
nent en suspension. Les marnes, les argiles, les sables et
les gypses peu cohérents sont entraînés. Claires et limpides
aux sources, jaunes et légèrement saumâtres à *Barika*,
elles sont presque complètement salées au moment où elles
se perdent dans le *chott*. C'est dire que, plus on marche
vers le Sud, plus nombreux sont les sels dont le sol est
imprégné. Les eaux « coulent au fond d'un lit profond à
parois verticales, creusé comme un sillon dans les terrains
sans cohérence. Une surface immense, couverte de cailloux
roulés, montre quelle doit être la masse des eaux à l'é-
poque des pluies[1]. »

<hr>

[1] Ch. Martins, *loc. cit.*

Il est, en effet, certain qu'à ces diverses époques le lit de la rivière est bien plus large et la quantité des eaux bien plus forte. Aujourd'hui, malgré les prises d'eau supérieures, l'*ouëd Barika* débite 526 litres à la seconde, soit 20,160 litres à la minute. Le jaugeage des eaux a été fait par M. Bouillet, inspecteur de la colonisation à *Batna*, membre de la Commission. L'opération a été faite au-dessus du barrage actuel, entre celui-ci et l'ancien barrage romain qui, sur la rive droite de la rivière, amenait les eaux dans la plaine où se trouve construite la maison de commandement.

Les eaux de la rivière ont en ce moment une coloration jaunâtre manifeste, qui, nous dit-on, est souvent plus prononcée ; elles laissent un dépôt très-considérable au fond des vases où on les renferme. Quelques carbonates alcalins et des matières siliceuses et argileuses composent presque entièrement ce dépôt. La température varie avec celle de l'atmosphère. Dans la journée elle est très-élevée : 50° centigrades en moyenne ; aussi ne possèdent-elles point cette qualité de fraîcheur pénétrante qui rend quelquefois plus agréables certaines eaux plus chargées peut-être de principes minéralisateurs. Le matin à six heures, leur température est bien moins élevée : pendant notre séjour, elle n'a jamais dépassé 20° centigrades. Cette différence énorme s'explique facilement: ces eaux, en effet, coulent presque constamment par nappe un peu épaisse sur des cailloux roulés, et elles sont ainsi, sur une longue surface, très-puissamment échauffées par le soleil, encore brûlant dans cette saison.

Les eaux de l'*ouëd Barika* n'ont aucune odeur, et,

malgré leur saveur terreuse, qui disparaît légèrement par le repos, elles ne sont point désagréables au goût. Elles ont peu d'effet sur le tube digestif. Elles ne sont point troublées par l'ébullition, mais elles abandonnent en refroidissant un dépôt considérable, dû probablement à l'évaporation, et par suite à la diminution du volume du liquide. Soit qu'on les prenne à la rivière, soit qu'on les laisse se débarrasser d'une partie de leurs principes terreux, elles dissolvent bien le savon, et jamais on ne voit de grumeaux se former à leur surface. Malgré les matières terreuses et argileuses qu'elles contiennent, elles cuisent bien les légumes ; mais généralement on n'en fait usage qu'après les avoir laissées reposer, soit dans des réservoirs en maçonnerie, comme celui qui existe au milieu de la cour de la maison de commandement, soit dans des vases destinés à cet effet.

Outre le dépôt calcaire, les eaux de l'*ouëd Barika* contiennent parfois en proportions assez notables des matières organiques.

« Les matières organiques, à moins de sels particuliers en surabondance, n'ont généralement pas d'influence sur la santé, mais elles donnent au liquide un aspect trouble et désagréable[1]. »

Bien différentes des eaux que l'on rencontre plus au Sud, et qui, chargées de sels magnésiens, provoquent et entretiennent une diarrhée le plus souvent légère, les eaux de l'*ouëd Barika*, fortement chargées de principes

---

[1] *Recueil des Mémoires de médecine, de chirurgie et de pharmacie militaires*, septembre 1863.

terreux et surtout argileux, rendent habituelle la consti-
pation, que l'on remarque chez ceux qui en font longtemps
usage. C'est du moins ce que nous avons observé chez les
militaires du 66ᵐᵉ de ligne, campés depuis cinquante jours
non loin de la maison de commandement.

A 3 kilomètres nord-est du moulin se trouve le barrage destiné à arrêter les eaux de la rivière pour en amener
facilement une partie, utilisée d'abord pour la mouture
des grains, puis pour l'irrigation de la pépinière et des
jardins, en même temps que des prairies appartenant aux
indigènes. Tous les quinze ou vingt jours, cette eau sert
à remplir le réservoir en forme de puits qui existe dans le
bordj, et dont l'approvisionnement est confié aux soins du
militaire jardinier, directeur de la pépinière.

L'eau traverse la pépinière dans un conduit à ciel ouvert,
rempli de détritus végétaux et complètement vaseux; elle
se rend ensuite dans un filtre en maçonnerie (réservoir
rempli de cailloux roulés et de charbon de bois), situé
5 ou 6ᵐ en dehors du *bordj*. Ce réservoir, percé d'une
ouverture à sa partie inférieure, laisse peu à peu les eaux
filtrées se déverser, par un canal en maçonnerie, dans un
deuxième réservoir bien plus grand qui constitue le puits
qui se trouve au milieu de la cour du *bordj*.

Ce système d'approvisionnement est défectueux sous
bien des rapports, et mériterait d'être remplacé. Néanmoins, l'eau a pu se débarrasser d'une partie des matières
qu'elle tient en suspension, et est déjà bien moins colorée
et plus limpide. En effet, déjà pendant son trajet du
barrage au moulin et du moulin à la pépinière, elle est
moins agitée et se débarrasse des matières calcaires ou or-

ganiques les plus pesantes et souvent d'origine douteuse. On choisit ensuite le moment où elle a le plus de limpidité pour remplir le filtre, et, de là plus limpide, elle trouve dans le puits un repos suffisant pour se dépouiller presque complètement. Mais il faudrait presque chaque mois nettoyer le réservoir; sans cela on trouve l'eau bien moins claire que celle de la rivière, et chargée de gaz dus à la décomposition organique, gaz qui lui communiquent une odeur désagréable.

«Ce sont ces matières organiques, dont la proportion peut augmenter sensiblement pendant la saison chaude, qui, en se décomposant, altèrent la qualité de l'eau et la rendent pernicieuse[1].»

Il ne faut point non plus croire que sa limpidité soit ordinairement parfaite, car le repos est insuffisant, et elle est souvent agitée, ce qui fait qu'elle dépose aussi dans les vases dont on se sert journellement. Néanmoins, c'est la seule eau qui serve de boisson aux habitants du *bordj* et aux troupes qui souvent, comme aujourd'hui, viennent camper dans le voisinage.

L'eau qui par le canal arrive au moulin, a une température moins élevée que celle de la rivière, d'où cependant elle provient. Dans la journée, elle varie de 24 à 28° centigrades. Le matin à six heures, durant notre séjour, la moyenne a été de 21° centigrades. L'eau du réservoir qui est dans la cour du *bordj* a une température presque constante, aussi bien le matin que dans la journée ou le

---

[1] *Recueil des Mémoires de médecine, de chirurgie et de pharmacie militaires*, septembre 1863.

soir, et qui varie légèrement de 23 à 24° centigrades. Étant
un peu plus fraîche et plus limpide que l'eau de la rivière,
celle ci est plus agréable au goût, et possède peu cette saveu
terreuse dont nous avons parlé plus haut. Elle dissout,
aussi bien le savon et cuit très-bien les légumes; elle con-
serve cependant toujours une légère coloration, et finit à
la longue par laisser un dépôt légèrement jaunâtre sur
les parois des vases en verre dans lesquels on la renferme
pour les usages particuliers.

Il existe au nord, dans la cour de la maison de commandement, un réservoir destiné aux eaux pluviales; mais il
est vide aujourd'hui, et on nous assure qu'il en est ainsi la
plupart du temps : son utilité est donc nulle.

D'après ce que nous venons de dire, on voit qu'il serait
nécessaire, avant tout, de changer le mode d'approvisionnement pour les eaux qui doivent alimenter le *bordj*.

La filtration est insuffisante «.... Il importe de les faire
circuler dans des aquedacs aérés, afin qu'elles puissent se
débarrasser d'un excès de carbonate calcaire. Il importe
également de les mettre à l'abri des matières organiques
qui, par leur décomposition, altèrent l'eau en lui enlevant
son oxygène [1]. »

Il serait bon en même temps de faire exécuter quelques
travaux, de creuser des puits, d'aller à la recherche de
plusieurs sources. Nous ne pouvons ici donner aucune indication précise, mais nous croyons à la réussite certaine des
travaux qui seraient dirigés dans ce but. L'eau est indis-

---

[1] *Recueil des Mémoires de médecine, de chirurgie et de pharmacie militaires*, septembre 1863.

pensable pour la prospérité de toute colonie. Pourquoi ne pas imiter nos devanciers?« Les Romains s'étaient donné la peine de recueillir dans des conduits et de conserver dans des réservoirs les eaux des sources voisines qui se perdent aujourd'hui dans le sol avant d'atteindre la ville. Ils savaient bient qu'en ce pays il faut prendre l'eau à la source même, la recueillir dans un conduit couvert pour éviter l'évaporation à l'air et l'infiltration dans le sol, et l'accumuler dans des réservoirs. Aussi les mêmes localités qui ont été pour nous le pays de la soif et de la stérilité, étaient pour eux le pays de la fertilité et de l'abondance. En beaucoup d'endroits il faut aller chercher sous le sol l'eau bienfaisante et l'amener à la surface [1]. »

Routes qui conduisent à Barika.

De *Barika* à *Biskra* existe une route carrossable dans la plus grande partie de son étendue, mesurant 64 kilomètres. C'est la route dite du lac *Daya*, passant par le défilé de *Dfila*, entre le *djébel Amor* à l'ouest et *Matka-el Hadjar* à l'Est, puis contournant au Nord et à l'Est les montagnes dites *Benal-el-Arara*, traversant l'*ouëd el-Kantara*, et allant enfin rejoindre au caravansérail d'*El-Outaya* la seule route qui existe entre *Biskra* et *Batna*. C'est cette route du *Daya* qui est la plus fréquentée par les diverses tribus nomades et les *Sahris*, qui à certaines époques de l'année passent du *Sahara* dans le *Tell*, et réciproquement.

De *Barika* à *Sétif*, route muletière mauvaise, et cependant assez fréquentée.

[1] D. Fisquet, *loc. cit.*, pag. 50.

La seule route carrossable est celle de *Batna*, passant par les caravansérails du *Ksour* et des *Tamarins*. Elle mesure 82 ou 85 kilomètres. Arrivée aux *Tamarins*, la route de *Barika* laisse à gauche celle qui conduit à *Biskra* et se dirige au sud des montagnes des *Ouled-Sultan*, vers le *bordj* de *Seggana* ; puis se dirigeant du sud-est au nord-ouest, arrive au *bordj* de *Barika*. Cette route est carrossable pendant l'été, quoiqu'il n'existe pas de ponts sur les rivières ou plutôt les torrents qu'elle traverse; souvent elle est impraticable l'hiver ou à l'époque des pluies.

Un chemin muletier conduit encore de *Barika* à *Batna*, mais bien plus directement à travers la plaine de *M'Gaous*. Peu après le chemin se divise: un sentier passe au sud du pic des Cèdres, passant au *bordj* de *Quasseria* et rejoignant la route de *Biskra* à *Batna*, à 5 kilomètres de cette dernière ville. Un autre sentier passe au nord du pic des Cèdres et arrive à *Batna* par le ravin Bleu, après avoir traversé la série des montagnes et les forêts des cèdres du *Belesma*.

A l'ouest de *Barika*, deux chemins muletiers se dirigent obliquement dans la plaine, l'un sur *Bousaâda* au nord-ouest, et le second au sud-ouest vers. *M'doukal*.

La route que suivent habituellement les troupes qui sont dirigées de *Batna* à *Barika* est celle qui passe par les caravansérails du *Ksour* et de *Seggana*, évitant ainsi le caravansérail des *Tamarins*, par où sont forcés de passer les chariots et les voitures. Du *Ksour* à *Seggana*, la route n'est point en effet carrossable. Voici, pour cette route, les renseignements donnés dans un ordre de la subdivision de *Batna* en date du 5 juillet 1865. Par les très-grandes pluies la rivière de *Ksour*, malgré la petitesse de son lit, peut être dangereuse. On pourrait en pareille circonstance trouver renseignements et secours à la *smala* d'*Aïn-Touta*. La rivière de *Seggana*, qu'il faut traverser avant d'arriver au petit *bordj* de *Seggana* et qu'on traverse ensuite, est fort dangereuse dans les grandes crues ; mais le niveau des eaux baisse très-vite. En campant sur la rive, on est sûr de ne jamais être atteint par les eaux, même quand elles sont le plus élevées.

Renseignements et aide au *bordj* de *Seggana*, près du scheik *Messaoud-ben-Neib*. La rivière de *Barika*, que l'on doit traverser dix minutes environ avant d'arriver au fort, est très-dangereuse dans les grandes crues. On ne doit pas essayer le passage si elle a plus de 0,70 d'eau. Ces rivières ne débordent pas. Aides et renseignements au *bordj* de *Barika* chez le caïd Si-Ismaël.

Résumé.

Au point de vue militaire, *Barika* est un poste important. La vaste plaine au milieu de laquelle est construit le *bordj* est presque, dans toute son étendue, éminemment propre à la culture. Les eaux de l'*ouëd Barika* sont assez abondantes pour subvenir à tous les besoins. Les conditions hygiéniques de cette localité sont excellentes : Le *Hodna* est généralement un pays salubre. «Or, la condition indispensable pour le succès d'une colonie en Afrique est le choix d'un territoire salubre, fertile et arrosé[1].»

L'hiver, nous l'avons vu, n'est point rigoureux, et, de l'aveu des habitants, les affections des voies respiratoires

---

[1] Dureau de la Malle, *loc. cit.*, pag. 142.

sont très-rares. L'été ; souvent les chaleurs sont excessives, parfois accablantes pour les Européens, comme d'ailleurs dans toute cette partie de l'Algérie, zone plus ou moins plane, généralement peu élevée au-dessus du niveau de la mer, et qui relie le *Tell* au *Sahara.*

C'est pendant la période des chaleurs que les maladies sont le plus communes. Les affections des voies digestives dominent. C'est la diarrhée, l'ictère, la dysenterie, mais la plupart du temps sans gravité. C'est plutôt à une influence climatérique qu'il faut rapporter le développement de ces affections, ainsi que les maladies des viscères abdominaux et surtout du foie, — maladies d'autant plus graves qu'elles sont le plus souvent chroniques et très-anciennes —, qu'à l'usage habituel des eaux de la rivière. Ces eaux, dont nous avons fait usage pendant plusieurs jours, malgré leur couleur et les quelques principes qu'elles peuvent contenir, sont cependant agréables au goût, bien meilleures certainement en cet endroit que plus loin, où, saumâtres et presque salées, elles se répandent dans le *chott.* Néanmoins, il serait nécessaire de rechercher quelques sources, creuser plusieurs puits et établir un système de filtration moins défectueux pour les eaux qui se rendent au réservoir qui alimente le *bordj.*

C'est également pendant la période des chaleurs que se montrent les ophthalmies dont nous avons parlé, et qui, selon nous, ne reconnaissent d'autres causes que la réverbération du sol et les poussières de sable chassées par le vent du désert, fréquent à cette époque de l'année, et parfois d'une violence extrême.

Les affections intermittentes sont rares dans cette partie

du *Hodna*, et aucun des indigènes qui sont venus réclamer nos soins ne présentait cet engorgement de la rate et cet état cachectique particulier que nous voyons plus ou moins fréquent dans les autres localités de la province.

Durant notre séjour, les maladies que nous avons constatées par ordre de fréquence sont : les ophthalmies, l'ictère, les embarras gastriques, les engorgements du foie, et à divers degrés les affections du tube digestif.

Le point le plus favorable pour l'installation de la colonie nous paraît être le lieu où se trouvent les ruines de *Tobna*, à 4 kilomètres au sud de la maison de commandement, sur la rive gauche de l'*ouëd Barika*. La plaine est irrigable partout, et on pourrait facilement amener les eaux aux habitations. La pierre à bâtir se trouve sur place ; les conditions hygiéniques sont les mêmes, sinon meilleures. Légèrement abrité à l'est par le *Coudiat Asfor*, où l'on pourrait essayer quelque culture, ce lieu me paraît plus à l'abri des vents de l'ouest, que celui où est situé le *bordj* ; car, se dirigeant à l'Est, ils le laissent au Sud sensiblement en dehors de leur action.

Nous est-il défendu de mettre à profit ce que nous ont laissés les Romains ? Ne pouvons nous pas une fois suivre l'exemple de nos devanciers ?

« Les Romains, nos maîtres en fait d'hygiène, avant d'établir les vastes monuments dont nous contemplons les ruines éparses dans tous les environs, avaient dû reconnaître avant nous que cette contrée réunissait toutes les conditions de salubrité qu'ils recherchaient avec tant de soin pour l'assiette de leurs établissements. Depuis lors, les bouleversements géologiques ou météorologiques qui ont

— 89 —

pu se produire, n'ont changé ni la nature du sol ni la configuration du terrain. Pourquoi cet emplacement serait-il
devenu aujourd'hui insalubre [1]. »

Disons, en terminant, que ce n'est point l'opinion de tous.

Le Commerce algérien, journal de Sétif, qui « appelle
de tous ses vœux la création d'un village populeux à *Khenchela* », est loin de partager notre opinion en ce qui con-
cerne l'installation d'une colonie à *Barika*.

« Le manque d'eau n'est pas le seul obstacle qui s'élève
contre l'établissement, en cet endroit, d'une légion indigène
ou d'un village européen ; le bois y manque aussi totalement... Ainsi, les premiers éléments indispensables pour
la réunion à *Barika* d'un groupe de colons indigènes ou
autres, font complètement défaut [2]. » La rivière, avons-
nous dit, au moment des fortes chaleurs, débite encore
20,160 litres à la minute; malgré les fortes et nombreuses
prises d'eau·faites en amont, dans un parcours de plus
de 100 kilomètres, le moulin de *Barika* marche en toute
saison.

« Les nombreux troupeaux que possèdent les indigènes
ne peuvent être conduits qu'à la rivière pour se désaltérer;
on y lave le linge, etc... Les Arabes y font leurs ablutions. » Ces raisons sont-elles suffisantes pour faire dire «
qu'il n'y a pas d'eau potable à *Barika* » ?.. Ce qu'il y a de
certain, c'est qu'elle n'est point désagréable au goût; et nous
tous, de même que les militaires campés près du *bordj*,
nous la prenions avec plaisir après la filtration incomplète
qui s'opérait par le repos. La rivière n'est jamais à sec en ce

[1] E. Moreau ; *Eaux thermales d'Hamman-Meskoutine*, pag. 34.
[2] *Le Commerce algérien*, numéro du 8 octobre 1864.

point, et peut toujours fournir l'eau pour irriguer les terres.
« D'ailleurs, les tribus qui occupent les hauteurs retiennent
à leur profit les eaux de l'*ouëd Barika*. » Malgré cela, la rivière a encore un débit suffisant, même à l'époque des
chaleurs, c'est-à-dire la plus défavorable pour subvenir
aux besoins d'un village ou d'une colonie assez nombreuse.
Aussi nous ne pensons pas qu'il faille « imposer aux
tribus qui domineraient (le village) la réglementation des
eaux dont elle dispose », ni craindre les « sanglantes
querelles entre *douars*, qu'il ne serait pas toujours facile
d'éviter. »

D'un autre côté, pourquoi exiger pour la colonie projetée de *Barika* ce qu'on n'a pu avoir pour d'autres centres de
population bien plus importants? Combien de localités en
Algérie, Sétif entre autres, se trouvent dépourvues dans
les environs, non-seulement du bois de construction, mais
encore du bois de chauffage (*ager arbori infecundus*)! A
Barika, le bois de chauffage (*tamaris*) se trouve en
quantité au milieu de la plaine; à 8 kilomètres à l'ouest du
bordj, et à 16 kilomètres à l'est, dans les montagnes des
Ouled-Sultan, il en existe de qualité supérieure.

« La défense militaire commande de conserver ce point
stratégique, » et nous croyons plein d'avenir l'établissement projeté d'un centre militaire agricole à *Barika*, aussi
bien qu'à *Khenchela*. Il est nécessaire cependant de faire
exécuter quelques travaux indispensables pour le bien-être
de ces indigènes soldats laboureurs.

TABLE DES MATIÈRES

II. Barika.

II

Boehm & Fils, Montpellier.

MONTPELLIER. — Typographie de BOEHM & FILS.